엄마도
페미야?

엄마도
페미야?

강준만 지음

**젠더 갈등과
세대 갈등의
소통을 위하여**

인물과
사상사

편파적 공감이
'괴물'을 만든다

"시민들이 우물에 빠진 아이의 소식에는 눈을 떼지 못하면서 기후변화에는 무관심한 이유는 공감 때문이다." 미국 심리학자 폴 블룸이 『공감의 배신』(2016)에서 한 말이다. 그는 "소수의 고통에 예민하게 반응하는 우리의 감정이 다수에게 비참한 결과를 초래한다"며, "앞날을 계획할 때는 공감이라는 직감에 의존하는 것보다도 도덕상의 의미와 예상 결과에 대한 이성적이고도 반反공감적인 분석을 따르는 것이 낫다"고 주장한다.[1]

공감을 예찬하는 말의 홍수 속에서 살아온 사람들이 이런 주장에 강한 반감을 갖는 건 당연한 일이겠다. 블룸은 공감에 반대한다는 이유로 온갖 비난에 시달렸고, 심지어 '도덕적 괴물'이라는 비난까지 받았다고 한다.[2] 공감을 하더라도 적당히 해야 한다는 선에서 그쳤으면 좋았을 텐데, 블룸이 너무 나간 걸까? 아무래도 그런 것 같다. 공감은 거의 대부분의 사람들에게 아름다운 단어로 통하기 때문이다.

2008년 미국 대통령 선거를 위한 민주당 후보 경선 과정에서 실시된 한 여론조사는 민주당 지지자들을 대상으로 "대통령 후보에게 가장 중요한 자질이 무엇인가?"라는 질문을 던졌다. "선거에서 이길 확률이 가장 높은 사람"이라는 선택을 제치고 많은 사람이 '공감'이라고 답한 것으로 나타났다.

미국 사회비평가 제러미 리프킨은 『공감의 시대』(2009)에서 이 여론조사 결과를 거론하면서 "대통령 선거에서 공감이란 문제가 제기된 것은 지난 50년 동안 세계적으로 가치관에 뚜렷한 변화가 일어났다는 사실을 반영해주는 현상이다"며 공감의 가치에 큰 의미를 부여했다.[3]

꽤 그럴듯한 주장이긴 하지만, 동의하긴 어렵다. 공감에 대한 블룸의 메마른 분석도 불편하지만, 리프킨의 맹목적인 예찬론도 불편하다. 리프킨은 2016년 대선에 대해선 뭐라고 말할지 궁금하다. 이 대선의 승자인 도널드 트럼프는 2008년 대선의 승자인 버락 오바마처럼 공감 능력이 뛰어난 사람이었나? 아니면 공감의 가치가 8년 만에 폭락이라도 했단 말인가? 혹 우리가 공감이라는 개념에 대해 뭔가 오해를 하고 있는 건 아닌가?

독일 인지과학자 프리츠 브라이트하우프트는 『나도 그렇게 생각한다: 공감의 두 얼굴』(2017)에서 "공감 능력이 없어서가 아니라 오히려 공감 능력이 있기 때문에 비인간적인 일들이 벌어진다"고 주장한다. 예컨대, 많은 사람이 위험한 막말을 많이 했던 트럼프에겐 공감 능력이 없는 것처럼 주장했지만, 실은 그는 자신의 말에 공감하는 사람들의 힘으로 대통령이 되었다는 것이다.[4]

공감의 어두운 면은 무엇인가? 브라이트하우프트가 지적한 것 중 세 가지만 음미해보자. 첫째, 공감은 자아 상실로 이어질 수 있다. 둘째, 공감은 흑백 사고, 또는 '친구 아니면 적'이라는 식의 사고방식을 보인다. 셋째, 특정인에 대한 공감을 앞세워 다른 생각을 가진 사람을 잔인하게 공

격하기도 한다.[5]

　이는 극렬 정치 팬덤의 행태를 두고 하는 말 같다. 혹 주변에 이른바 '빠'로 볼 수 있는 사람이 있다면 잘 관찰해 보시라. 자신이 사랑하는 정치인에 대한 그 사람의 공감 능력은 어떤가? 지나칠 정도로 과잉이다. 과잉일망정 누군가를 열정적으로 추앙하는 게 아름답지 않은가? 유감스럽게도 전혀 아름답지 않다! 자신의 그런 편파적인 공감을 공유하지 못하는 사람에 대해선 믿기지 않을 정도로 적대적이기 때문이다.

　그런 사람들의 공감과 사랑은 증오와 한 쌍을 이루고 있다. 증오가 없는 사람은 '정치적 빠'가 될 수 없다고 해도 과언이 아니다. 만행을 당한 피해자의 고통에 공감하는 사람이 가해자를 증오하는 건 당연하지만, '빠'들의 증오는 그런 게 아니다. 그들의 증오는 오직 우리 편이냐 아니냐 하는 기준에 의해서만 활성화될 뿐이다.

　그래서 공감을 하지 말자는 건가? 그런 이야기가 아니다. 증오를 발산하기 위한 편파적 공감만큼은 경계하면서 멀리하자는 뜻이다. 한국 정치를 잘 뜯어보면 흥미롭지 않은가? 누군가에 대한 지극한 공감과 사랑이 반드시 다른 사람이나 집단을 악마로 만들어야만 가능할 수 있다는 게 말이다. 공감의 편파적 과잉은 너무도 위험해 두렵기까지 하다.

부탁한다. 제발 공감하지 말아 달라. 평소 훌륭하다고 여겼던 사람들마저 공감의 편파적 과잉으로 인해 괴물로 변하는 걸 지켜보는 게 너무 무섭고 괴롭기 때문이다. 증오를 위한 공감보다는 증오가 없는 냉정이 훨씬 더 아름답다.

이 책의 주제인 '젠더 갈등'과 '세대 갈등'도 상당 부분 '공감의 게임'이다. 흥미로운 건 이 갈등들엔 생각을 달리하는 사람들 사이에 소통이 거의 없다는 점이다. 소통 없는 '젠더 갈등'과 '세대 갈등'에 소통의 싹이나마 틔우기 위해서라도 다정한 편파성보다는 냉정한 공정성이 필요하지 않을까? 달리 말하자면, 다정한 편파성을 양산해내는 부족주의에서 탈출하는 게 필요하지 않겠느냐는 것이다.

나는 2021년 4월에 출간한 『부족국가 대한민국: 부족주의의 노예가 된 정치』에서 밝혔듯이, 그간 부족주의에 강한 염증과 환멸을 느껴왔다. 남들의 눈엔 나도 한때 부족주의의 전사처럼 보였는지는 모르겠지만, 그 시절에도 나는 부족주의가 유발하는 감정적 불편과 피로에서 자유롭진 못했다. 나는 이게 나의 타고난 체질일 거라고 생각한다. 나는 그간 정치에 대해 많은 글을 쓰면서도 정치와 멀리 거리를 두는 원칙을 지켜왔다. 어쩌면 그 원칙이 소중해서라기보다는 나에겐 부족주의 정서가 너무 없다는 걸 스스로 깨달았기 때문이었을 게다.

부족주의에 대한 고민이 깊어지면서 의도적으로 부족주의 전략을 택하는 '정체성 정치', 즉 페미니즘 운동에 대한 고민도 깊어졌다. 누가 고민하라고 등을 떠민 것도 아니었건만! 나는 그간 페미니즘의 '정체성 정치'가 불가피하다며 지지해온 사람이지만, 날이 갈수록 악화되기만 하는 젊은 남성들의 '반反페미' 정서를 그대로 방치하거나 비난을 하는 걸로 대처하는 페미니즘 진영의 안이한 대응 방식엔 동의하기 어려웠다. 내가 2022년 4월에 출간한 『정치 전쟁: 2022년 대선과 진보의 자해극』에 '이대남'과 페미니즘의 화해를 모색하는 글을 쓴 것도 바로 그런 이유 때문이었다.

이번 책에선 바로 그런 문제를 집중적으로 다루고자 했다. 어느 쪽에서도 환영받기 어려운, 아니 비판만 받을 게 뻔한 일이긴 하지만, '젠더 갈등'과 '세대 갈등'에 소통이 없고, 때론 '젠더 갈등'이 '세대 갈등'마저 집어삼키면서 이상한 방향으로 흐르는 걸 외면하긴 어려웠다. '이대남'과 페미니즘의 화해도 얼마든지 가능하다는 걸 말하고 싶었다. '구조'와 '개인'은 혈투를 벌여야 할 관계가 아니며, 둘 사이의 균형과 조화는 얼마든지 가능하다는 것을 말이다. 이 책이 우리 사회에서 벌어지고 있는 '젠더 갈등'과 '세대 갈등'을 이해하는 데에 조금이나마 도움이 될 수 있다면, 더 바랄 게 없겠다.

2022년 7월

강준만

차례

왜 10대 아들들은 '페미'에 분노하는가?

제1장

김지영이 초등학교 때 당한 차별은 옛날이야기

"근데 지영아, 선생님은 벌써 눈치채고 있었는데 지영이는 모르는 것 같네? 짝꿍이 지영이를 좋아해.……남자애들은 원래 좋아하는 여자한테 더 못되게 굴고, 괴롭히고 그래. 선생님이 잘 얘기할 테니까 이렇게 오해한 채로 짝 바꾸지 말고, 이번 기회에 둘이 더 친해지면 좋겠는데."[1]

조남주의 『82년생 김지영』(2016)에 나오는 말이다. 선생님이 지영이를 집요하게 괴롭힌 짝꿍 남학생을 크게 혼낸 건 잘한 일이었지만, 앞서 인용한 말은 이해하기 어렵다. 김지영은 1982년생이고 조남주는 1978년생이니, 아마도 1980년대 중후반에 일어났던 일 같은데, 그 시절까지도 그런 인식이 일반적이었던 걸까?

"싫어요. 너무너무 싫어요"라고 답한 지영이의 뜻을 선생님이 받아들여 짝꿍을 바꿔주었으니 다행이긴 하지만, 선생님의 '짝꿍 남학생'을 위한 변명은 매우 잘못된 것이었음을 분명히 해둘 필요가 있겠다. 실제로 1980년대 중반까지만 해도 학교에선 오늘날엔 상상도 할 수 없는 일들이 벌어지기도 했다. 박주희의 다음 증언을 들어보자.

"1984년, 초등학교 1학년 반장선거 때다. 43표 가운데 28표를 얻었으니 당연히 반장이 될 줄 알았다. 그런데 6표를 얻은 친구가 반장이 됐다. 담임 선생님의 설명은 간단하고 명료했다. '여학생은 반장은 안 되니까 부반장 하면 되겠다.' '여학생은 왜 반장이 될 수 없어요?'라고 따져 묻지 못했다. 성별을 이유로 지극히 공식적으로 차별당한 첫 기억이다. 그 뒤 '여성'이라는 이름은 참 다양한 상황에서 끈질기게 차별을 끌고 왔다."[2]

격세지감隔世之感이다. 그런 차별이 완전히 사라진 건

아니겠지만, 오늘날엔 갈등의 양상이 크게 달라졌으니 말이다. 2021년 5월 5일 청와대 국민청원 게시판에 올라와 하루 만에 답변 기준(20만 명)을 넘긴 글이 있었다. "교사 집단이 은밀하게 페미니즘을 학생들에게 주입하고자 사상 주입이 잘 통하지 않는 학생들에겐 따돌림을 당하게 유도하고 있다"는 글이었다.[3] 약 열흘 후 성차별교육폐지시민연대는 청와대 앞에서 일부 교사 집단이 학생들에게 페미니즘 세뇌 교육을 했다고 주장하며 수사를 촉구하는 기자회견을 하기도 했다.[4]

별로 믿기지 않는 주장이거니와 굳이 그런 '음모'가 필요 없을 정도로 학교에선 '여학생 우대'가 자연스럽게 자리 잡았다고 보아야 하지 않을까? 과거의 여성 차별에 대해 잘 알고 있는 학부모 세대는 그걸 바람직하거나 무방한 것으로 생각했을 가능성이 높다. 그렇지 않다면, 초·중·고교 남학생의 '반페미' 성향이 매우 높아진 걸 온전히 설명하기 어려워진다. 뒤늦게나마 『82년생 김지영』을 읽는 독자들은 김지영이 초등학교 때 당한 차별은 옛날이야기일 수도 있다는 걸 감안하는 게 좋겠다.

"남자 차별 말고 잘한 학생 칭찬하자"

"선생님도 남자와 여자가 아닌 잘한 학생을 칭찬하자." 몇 년 전 어느 초등학교 5학년 학생들이 만든 '양성평등 기본법' 중에 등장한 말이다. 이런 내용도 있었다. "여자라 해서 연약하다고 생각하지 않고 남자라 해서 강하다고 생각하지 말자." "남자들은 남자 편, 여자들은 여자 편을 들지 않고 옳은 편을 들자."[5]

그냥 웃어넘길 이야기가 아니다. 의외로 문제가 심각하다. 2022년 대선 기간은 물론 대선 후에도 뜨거운 화제가 되고 있는 이른바 '이대남(20대 남성)·이대녀(20대 여성) 현상'의 뿌리는 상당 부분 초등학교 시절부터 경험한 페미니즘을 둘러싼 갈등에 있기 때문이다.

2022년 6·1 지방선거의 출구 조사에서 이대남과 이대녀가 각각 여야로 쏠리는 표심票心 균열 현상이 더 심해진 것으로 나타났다. 지상파 방송 3사의 출구 조사 결과, 유권자 성·연령별로 전국 광역단체장의 국민의힘과 더불어민주당(민주당) 후보에 대한 지지가 20대 남성(65.1퍼센트 대 32.9퍼센트)과 20대 여성(30.0퍼센트 대 66.8퍼센트)이 크게 달랐다.

2022년 3월 대선에서도 20대 남녀는 윤석열과 이재명에 대한 지지 성향이 달랐지만, 이번에 20대 남성은 국민의힘 우세(22.4→32.2퍼센트포인트)가 더 커졌고 여성은 민주당 우세(24.2→36.8퍼센트포인트)가 더 커졌다. 30대도 남성은 국민의힘 우세가 10.2퍼센트포인트에서 18.6퍼센트포인트로 더 커진 반면, 여성은 민주당 우세가 5.9퍼센트포인트에서 10.2퍼센트포인트로 더 커졌다.[6]

서울시장 선거 출구 조사에서 이대녀들은 국민의힘 후보 오세훈(30.9퍼센트)보다 민주당 후보 송영길(67.0퍼센트)을 압도적으로 지지했다. 반면 이대남은 송영길에게 24.6퍼센트, 오세훈에게 75.1퍼센트 지지를 보내 그 격차는 50.5퍼센트포인트에 달해 이대녀와는 정반대 표심을 보였다. 경기지사 선거에서 이대남들의 표는 국민의힘 후보 김은혜(66.3퍼센트)에게 민주당 후보 김동연(30.2퍼센트)보다 2배 넘게 쏠린 것으로 나타났고, 이대녀들은 김동연(66.4퍼센트)에게 압도적 지지를 보냈다. 김은혜에게 투

표했다고 반응한 이대녀는 28.6퍼센트에 불과했다.[7]

'이대남'이니 '이대녀'니 하는 말 자체에 이의를 제기하는 사람들도 있지만, 이 정도면 그러한 작명에 시비를 걸기는 어려울 것 같다. 유권자 성·연령별 투표 성향에서 이렇게까지 뚜렷한 대조를 보인 적이 있었나 하는 생각이 들 정도이니, 이를 '이대남·이대녀 현상'이라 불러도 무리는 아니지 않겠느냐는 것이다. 사회비평가 박권일의 말대로, "'이대남' 여론이 곧 20대 여론"이라는 주장은 물론 오류지만, "'이대남'은 과대 대표된 허상"이라고 싸잡아 무시하는 것도 현명하지 않을 것이다.[8]

엄마를 울리는 어린 아들들

이대남은 도대체 페미니즘과 관련해 어떤 경험을 했기에 그런 걸까? 이 물음에 답하기 위해선 초등학교 시절로 거슬러 올라가는 게 좋겠다. 경기 군포시에 사는 어느 주부는 초등학생 아들이 대화 도중 "여성부(여성가족부)는 게임 못하게 하는 페미들(페미니스트들)"이라고 비판적으로 말하는 걸 듣고 충격을 받았다고 했다.[9] 이게 이미 2015년에 일어난 일이다. 초등학교 남학생들의 페미에 대한 반감은 이후 더 강해졌음은 두말할 나위가 없다.

초등학교 6학년 교사 이 모씨는 양성평등 교육 시간에 2016년에 일어난 서울 '강남역 살인사건'을 예로 들며 "불안해하는 여성들을 보호하기 위해 남학생들이 동참해야 한다"고 말했다가 이런 항변을 들었다고 한다. "왜 남자만 여자를 지켜요?" "그건 평등이 아니에요." "선생님 메갈(페미니스트 비하 용어)이에요?"

중학교로 올라가면 그런 반발은 더욱 강해진다. 어느 중학교에선 탈의실이 없어 체육 시간을 앞두고 여학생은 교실, 남학생은 화장실에서 체육복을 갈아입었다고 한다. 이에 남학생들이 교무실로 찾아가 교사에게 "왜 남학생만 여학생 눈치를 봐야 하느냐"고 따졌다. 교사가 "남자가 여자를 배려하는 건 당연하다"고 말하자, 학생들은 "선생님도 페미니스트냐"며 격하게 반응했다고 한다. 결국 교사는 학급 회의를 열고 이를 투표에 부친 결과 학생들은 격주로

남녀가 번갈아가며 화장실에서 환복하기로 결정했다나.[10]

2022년 5월 『조선일보』·서울대학교 사회발전연구소 조사에선 10대 남성 10명 중 3명(29.7퍼센트)꼴로 '초·중·고교 때 차별받은 경험이 있다'고 답했다. 『조선일보』가 한국교총과 함께 전국 초·중·고교 교사, 대학교수 1,755명을 대상으로 진행한 설문조사에서도 남학생들은 주로 "청소, 짐 나르기 등 힘쓰는 일은 남자만 시킨다", "남자라고 무조건 참고 양보하라고 한다", "이제는 남자가 역차별을 당한다"고 호소하는 것으로 나타났다.

작가 임명묵은 "양육 주도권이 엄마에게 있고 학교도 여교사가 다수인데다 여학생들 학업 성취도도 높아 10대 남자들은 가정·학교에서 자신이 약자라고 생각하는 경향이 크다"고 했다. 이화여자대학교 국제대학원 초빙교수 손지애도 "젊은 남성들은 집안에서 목소리 큰 엄마 밑에서 자라 여자가 차별받는다는 것을 믿지 못한다"고 했다.[11]

인천 지역 남자 중학교 교사 박정현(한국교육정책연구소 부소장)은 "1학년 남학생들에게 자유 토론 주제를 정하자고 하면 앞다퉈 '여가부 폐지'를 외친다. 여자 선생님 앞에서 여성을 욕하는 데도 거리낌이 없다"고 했다. 여학생들의 젠더 감수성은 더 예민하다. 박정현은 "아내는 여고에서 국어를 가르치는데, 신동엽 시인의 시 「새로 열리는 땅」 중 '고동치는 젖가슴 뿌리세우고'란 표현이 '여성 혐오적'이라며 책을 덮어버린 여학생도 있었다고 한다. 남녀 학생들의 인식 차가 얼마나 큰지 보여주는 것"이라고 했다.[12]

이런 갈등은 가정으로까지 이어진다. 경제학자 우석훈은 최근 출간한 『슬기로운 좌파생활』(2022)에서 "엄마도 페미야?"라고 따지듯 묻는 어린 아들 때문에 결국은 우는 엄마를 보았다며, "단군 이래로 한국의 틴에이저들, 아니 틴에이저 보이들이 가장 많이 사용하는 단어가 '너도 페미냐?'가 아닐까 싶다"고 했다.[13]

변호사 김재련은 중 2 아들이 이런 질문을 던졌다고 털어놓는다. "엄마 페미니스트야? 페미들은 왜 남자를 조롱하고 미워해? 심지어 길에 쓰러진 여자를 도와줘도 성희롱 했다고 고소한다잖아. 엄마도 남자들 싫어해?"[14] 어느 40대 엄마는 조남주의 『82년생 김지영』을 퇴근길에 들고 귀가했는데, 그 책을 발견한 중 2 아들이 "엄마도 페미야?"

라고 따지듯 물으면서 책을 잡아채더니 자신의 책상 서랍에 집어넣고 A4 용지에 '봉인封印'이라는 두 글자를 써서붙였다고 한다. 종이를 찢으면, 엄마와 나 사이는 이제 끝이라는 위협과 함께.[15]

어린 남학생들에게 '페미'는 '얌체'나 '거짓말쟁이'

이런 10대들이 커서 20대가 되면 어떤 일이 벌어질까? 지금 우리가 목격하고 있는 바와 같다. 앞서 소개한 에피소드들과 같은 일은 이미 오래전부터 시작되었기 때문이다. 2015년 10월 한국여성정책연구원이 15~34세 남녀 1,500명을 대상으로 조사한 결과(남성의 삶에 관한 기초연구 II)에 따르면, 여성 혐오 표현에 공감하는 비율은 청소년이 66.7퍼센트로 여타 세대를 제치고 1위를 차지했다.[16]

전국교직원노동조합이 2021년 7월에 전국 초·중·고교 교사들을 대상으로 실시한 '학교 내 페미니즘 백래시와 성희롱·성폭력에 대한 교사 설문조사' 결과는 어떤가.

이 조사에 따르면 전체 교사의 34.2퍼센트(여성 37.5퍼센트, 남성 19.6퍼센트)가, 20대 여교사 중 66.7퍼센트가 최근 3년간 페미니즘에 대한 보복성 공격(백래시)을 당한 적 있는 것으로 나타났다.

피해 경험 중에는 '메갈', '페미'냐며 조롱하듯 묻는 행위가 17.4퍼센트(복수 응답)로 가장 많았고, 공식적인 자리에서 성 혐오 발언(16.6퍼센트), 페미니스트 교사에 대한 비난과 공격(12.8퍼센트), 성평등 수업 방해와 거부(8.2퍼센트) 순으로 나타났다. 백래시 가해자는 학생(66.7퍼센트, 복수 응답), 동료 교사(40.4퍼센트), 학교 관리자(18.7퍼센트) 순으로 많았다.[17]

일부 초등학생들은 자기들 사이에서도 "너 페미야?"라는 말을 자주 쓴다는데, 그들이 생각하는 '페미'의 의미는 자기가 좋은 것만 하겠다는 '얌체'나 '거짓말쟁이'라고 한다.[18] 어쩌다 '페미'의 의미가 이렇게까지 부정적인 의미로 사용되게 된 걸까? 개탄과 분노만 할 게 아니라 이에 대한 성찰부터 해보는 것도 좋을 것 같다.

일부 언론은 "엄마도 페미야?", "너도 페미냐?"는 공격성 질문에 이른바 '백래시'라는 딱지를 붙였는데, 이 용어도 좀 신중하게 사용하는 게 어떨까 싶다. '백래시'는 정당한 페미니즘 활동에 대한 남성의 집단적 반격이나 반동이라는 부정적인 의미로 쓰이는데, 그렇게 미리 판단을 내리고 들어가면 대화가 어려워진다. 생각이 다르면 무조건 '백래시'라고 말하려는 게 아니라면 한 번 더 생각해보고 말하는 게 어떨까?

이젠 '페미니즘 고전'이 된 『백래시: 누가 페미니즘을 두려워하는가?』(1991년, 국내 번역·출간 2017년)의 저자인 수전 팔루디는 이 책에서 '백래시'는 우연하게도 1947년 개봉된 할리우드 영화에서 제목으로 쓰인 적이 있다며, 백래시의 의미를 이렇게 설명한다.

"자신이 저지른 범죄의 누명을 아내에게 덮어씌운 남자의 이야기다. 여성의 권리에 대한 반격은 바로 이런 방식으로 작동한다. 반격의 수식어들은 반격이 자행하는 모든 범죄들을 페미니즘 탓으로 돌린다."[19]

이렇듯 백래시는 매우 부정적인 의미인데, 페미니즘에 대한 정당한 비판마저 백래시라고 하는 건 부당하지 않은가? 어느 페미니즘 관련 기사는 "남성의 집단적 반동(백래시)에 직면한 지금, 남성 개인의 양심에 불을 붙이며 연대하고 새로운 사회를 만드는 길은 어디 있을까?"라고 썼는데,[20] 적어도 이 문제에 관한 한 '양심'은 별 관계가 없다는 점을 분명히 해둘 필요가 있겠다. 또 어떤 페미니즘 관련 기사는 "대한민국의 페미니즘은 무사하지 않다. 페미니즘을 오염시키고 고사시키려는 반격(백래시)Backlash 탓이다"고 했는데,[21] 백래시가 그렇게 된 이유의 전부일 수는 없다는 것도 분명히 해두면 좋겠다.

백래시에 대한 두 가지 오해

번역가 조고은이 『한겨레』에 기고한 「백래시에 대한 두 가지 오해」라는 칼럼 내용이 흥미롭다. 그는 "20대 대통령 당선자의 주요 공약 중 하나였던 여성가족부 '폐지'를 비롯하여 여성 인권을 후퇴시키려는 시도가 본격화되는 현재 한국의 상황에 잘 어울리는 단어가 바로 백래시backlash

일 것이다"며 '백래시'라는 개념에 대한 두 가지 오해를 다음과 같이 지적한다.

"백래시에 대한 첫 번째 오해는 페미니즘 운동이 너무 과도한 나머지 기존 사회의 반발이 나타나게 되었다는 것이다.……백래시에 대한 두 번째 오해는 이런 식의 페미니즘에 대한 반발은 언제나 있어왔고 앞으로도 영원할 것이므로 굳이 '지금의 백래시' 상황에 주목할 필요도 없다는 일종의 회의주의이다."[22]

미국에서 1980년대에 일어난 백래시를 참고하는 건 좋지만, 그걸 곧장 한국의 2020년대에 적용하다 보면 필요 이상의 적개심을 유발하지 않을까 염려된다. 예컨대, 조고은이 다음과 같이 묘사한 당시 미국의 풍경이 오늘날의 한국에 어울린다고 보긴 어려울 것이다.

"보수주의자들은 마치 자신들이 과격한 여성운동의 부작용으로 피해를 입고 반발하게 된 무고한 시민인 듯한 언어를 구사하지만, 그들은 처음부터 여성을 착취했고 앞으로도 그 억압과 착취를 지속하기 위해 조금의 변화도 일어나지 않게 하려는 본인의 극우 사상을 밀고 나가는 세력이었다."

조고은이 지적한 두 가지 오해는 어떻게 볼 것인가? 첫 번째 오해와 관련, 나는 한국에선 페미니즘 운동이 너무 과도한 게 아니라 운동이 겨냥하는 타깃이 정확하지 않다는 데에 문제가 있다고 생각한다. 정작 싸워야 할 대상('페미니스트 코스프레'만 하면서 기득권을 지키려는 기성세대 남성)은 놓아두면서, 이대남에게 부담이 집중되는 변화만 추구하려고 한다는 것이다. 이대남이 그런 전략에 반발하는 걸 가리켜 백래시라고 부를 수 있을까?

두 번째 오해와 관련, 나는 페미니스트들이 백래시로 보는 현상에 주목해야 한다는 점에선 조고은의 생각에 동의하지만, 그 주목의 목적과 내용은 소통의 가능성을 모색하는 것이어야 한다고 생각한다. 그런 모색 역시 투쟁이다. 왜 투쟁을 타도 위주로만 여겨야 한단 말인가?

페미니즘 갈등에 소통의 바람이 필요하다

'유리천장'이라는 말이 시사하듯이, 일자리 영역에선 사회 전 분야에 걸쳐 상층부로 올라갈수록 여성 차별이 심해진다. 은밀하게 암묵적으로 이루어지는 차별인지라 정면 대응하기가 쉽지 않다. 그러다 보니 차별 해소 방안이 장기적·포괄적인 방향으로 나아가면서 세대 간 불공정을 유발하는 경향이 있다. 여성 차별로 인한 수혜는 기성세대 남성이 보고 있지만, 그 차별을 해소하겠다며 이대남에게 집중된 대책을 내놓고 있는 게 이대남의 분노를 불러일으키고 있는 것이다.

김내훈이 『급진의 20대』(2022)에서 잘 지적했듯이, 젠더 갈등은 "청년 남성이 페미니즘에 느끼는 '불공정의 감각'이 원인"이라는 진단에 주목해보자. 그는 "이는 젠더 갈등의 심각성을 과소평가하는 게 아니다"며, "젠더 갈등이라는 두꺼운 표피를 벗겨내면 20대 남성과 여성이 한목소리로 한국 사회의 '공정하지 않음'을 성토하는 모습이 보인다"고 말한다.[23]

그런데 그간 기성세대는 20대가 갖고 있는 '불공정의 감각'의 결함과 한계를 지적하는 데에 바빴다. 1차원적이라거나 미시적이라는 등의 지적은 잘못된 건 아니었을망정 추상적이고 거시적인 탁상머리 지식일 뿐 삶의 현장에서 "이건 불공정하다"는 억울함이 치솟는 것에 대한 적절한 답은 아니었다.

남성 기득권 질서는 강고할망정 젊은 세대의 세상은 엄청나게 변했다. 나 역시 그간 내가 겪어온 삶의 체험과 기억에 따라, 그리고 두 딸의 아빠라는 가족주의적 관점에서, 초·중·고교에서 '여학생 우대'는 당연하거니와 바람직하다는 생각을 해왔던 사람이다. 그간 세상이 변한 걸 건성으로 보아 넘기면서 10대와 20대들의 전혀 다른 경험과 처지에 대한 역지사지易地思之 노력을 게을리해온 것이다.

이대남의 생각과 주장이 무조건 옳다는 게 아니다. 기성세대는 아직 상호 대화를 할 수 있는 기본적인 사실 관계 파악조차 하지 않은 채 각자의 경험과 기억에 의존하는 사고방식의 틀에 갇혀 있는 건 아닌지 성찰해보자는 뜻이다. 여성 혐오 표현이라는 증상에만 주목하면 이 문제는 영영 풀리지 않는다. 그건 다른 분야에서도 수없이 나타나는, 익명의 온라인 세계가 빚어내는 부작용으로 이해하면서 원인 규명에 집중해야 한다. 우선 "남자 차별 말고 잘한 학생 칭찬하자"는 초등학생들의 제안에 관심을 기울여보자.

그간 '엄마도 페미야?' 현상의 주요 이유로 제기된 건 크게 보아 두 가지였다. 첫째, 학교에서 하는 페미니즘 교육과 '여학생 우대'에 대한 반발이다. 둘째, 유튜브 등과 같은 새로운 매체들이 페미니즘을 겨냥해 퍼부은 '증오·혐오 마케팅'의 영향이다(제5장 유튜브의 포로가 된 젠더 갈등 참고). 둘 다 나름의 근거를 갖고 있기는 하지만, 나는 이 문제를 정면으로 대응하지 못한 우리 사회의 무능과 무기력을 더 큰 이유로 지적하고 싶다.

누구나 다 인정하겠지만, 오늘날 한국 사회에서 대학은 '입시 전쟁'이라고 하는 한국형 계급투쟁의 주요 관문이다. 학교는 우선적으로 더 나은 대학을 들어가기 위한 과정으로서 그 의미가 절대적으로 크기 때문에 페미니즘을 둘러싼 갈등에 신경 쓸 뜻도 겨를도 없다. 즉, 페미니즘 갈등은 그간 심각한 논의의 대상조차 되지 못했다는 것이다.

이대로 좋은가? 좋지 않다! 상호 오해의 소지가 전혀 없는 갈등이라면 끝장을 볼 때까지 싸워보는 것도 좋겠지만, 결코 그렇지 않다. 온갖 오해가 흘러넘치지만, 양쪽 모두 자신이 옳다는 100퍼센트 확신을 갖고 강한 주장만 할 뿐 차분하고 부드러운 대화에 나설 생각은 없는 것처럼 보인다.

문제의 심각성을 알고 있는 사람이 많지만, 아무도 나서려고 하지 않는다. 양쪽 모두에서 욕을 먹기 십상이기 때문이다. 그러나, 욕 좀 먹으면 어떤가? 오해로 인한 싸움만큼 비극적인 게 없다는 데에 동의한다면, 기존의 편 가르기에 의심의 시선을 보내면서 아예 불통의 영역으로 고립되어 있는 페미니즘 갈등에 소통을 시도하는 바람을 불러일으켜야 하지 않겠는가?

젠더 갈등을 부추기는
성평등 국제 통계

제2장

부동산 통계 조작을 기억하라

최근 세계 4대 회계법인인 딜로이트 글로벌이 72개국 기업 이사회의 젠더 다양성 등을 분석한 「우먼 인 더 보드룸 Women in the boardroom」 보고서 내용이 언론에 보도되었다. 이 보고서에 따르면, 2021년 한국 기업 이사회에 등록된 여성 비율은 4.2퍼센트로 전 세계 평균(19.7퍼센트)에 크게 못 미치는 수준이다. 여성의 사회 참여가 종교적·문화적 이유로 제한되어 있는 중동 3개국을 제외하면, 한국의 여성 이사 비율이 사실상 세계 꼴찌를 기록했다.[1]

이렇듯 한국 여성의 사회적 지위가 낮다는 국제 통계는 매년 몇 차례씩 보도된다. 우리가 이런 통계에 자극받아 어느 분야에서건 명실상부한 남녀평등을 위해 애쓴다면, 환영할 일이다. 그런데 이런 통계가 이대남의 정치·사회적 성향에 대한 뜨거운 논란, 즉 '이대남 신드롬'을 부정적인 방향으로 부추기는 용도로 소비되고 있는 건 아닌지 살펴볼 필요가 있겠다.

우리는 국제 통계의 한계를 부동산 통계에서 이미 질리도록 보아왔다. 이런 일도 있었다. 2021년 8월 청와대 정책실장 이호승이 "OECD 평균 집값 상승률이 7.7%인데 한국은 5.4%에 불과하다"며, "문재인 정부는 국민 앞에 겸손한 권력과 공정 사회의 토대를 마련했다"고 주장해 사람들을 어리둥절하게 만들었다. 인터넷에는 "54%를 잘못 말한 것 아닌가"라는 글이 나돌 정도였다.[2]

알고 보니 한국 통계를 제공한 한국부동산원의 조사 방법부터가 엉터리였다. 표본 수가 민간·금융기관 통계보다 훨씬 적었고 그나마도 편향이 있어 시장 상황을 전혀 반영하지 못했다.[3] 어디 그뿐인가? 부동산 가격 폭등은 전체 인구의 절반 이상이 몰려 사는 수도권의 문제였기에 오히려 부동산 가격 하락을 걱정하는 지방 덕분에 물타기 된 전국 통계는 부동산 문제의 심각성을 은폐할 뿐이었다.

세계경제포럼의 '성 격차 지수', 믿을 수 있는가?

성 불평등 국제 통계도 비슷한 문제를 안고 있다. 그 대표적인 예가 스위스의 민간 싱크탱크인 세계경제포럼WEF이 매년 발표하는 세계 '성 격차 지수GGI'다. 유엔개발계획UNDP이 189개국을 대상으로 조사하는 성 불평등 지수에선 한국은 2016년 이래로 10위권을 유지하고 있다. 그런데 국내 언론에 주로 소개되고 페미니스트들이 꼭 인용하는 통계는 바로 이 '성 격차 지수'다. 이 통계에선 한국은 늘 하위권에 갇혀 있다. 이 통계를 믿어도 될까? 그간 이 통계에 대해 말이 많았다는 걸 참고할 필요가 있겠다.

　이미 16년 전인 2006년 『중앙일보』 기자 최지영은 한국이 115개국 중 92위를 차지한 것과 관련해 이 통계가 나라별 특성을 무시하고 '삶의 질'을 고려하지 않는다는 점을 지적했다. 여성의 사회 진출에 무게를 두고 평가하다 보니 일본(79위) 등 아시아 국가들은 대부분 하위권에 그쳤으며, 특히 한국 여성이 가정 내에서 가지고 있는 경제권과 주택 구입, 자녀 교육 등에 대한 발언권 등 한국적 특성을 무시한 조사라는 평가를 소개한 기사였다.[4]

2017년 통계청이 주관한 제2회 '통계 바로 쓰기 공모전'에서 3위 수상작에 오른 오주상과 노정훈의 「세계 성 격차 보고서의 왜곡 및 확대 해석에 따른 오용」에 따르면, 해당 지수는 ① (여성이 우세한 항목은 감안하지 않는) 점수 산출 방식의 비합리성, ② (인프라의 수준과 삶의 질 등을 고려하지 않은 채 남녀간의 순수 상대적 격차에만 주목하는) 점수 부여 항목과 비율 계산법의 부적절성, ③ (각 영역별 점수를 단순 평균한) 점수 합산 방식의 불합리성 등에서 여러 문제점을 노출했다. 그 결과 2015년 보고서에서는 1990년대에 100만 명 이상이 학살당한 이른바 '인종 청소'로 악명 높았던 르완다가 한국보다 성 격차 지수가 낮을 뿐만 아니라 전 세계 6위로 성 격차 지수가 낮은 국가로 발표되는 해프

닝이 벌어지기도 했다.[5]

　박민영은 최근 출간한 『20대 남자, 그들이 몰려온다』 (2021)에서 이 통계의 여러 문제점을 지적하면서 특히 문화적인 문제를 전혀 반영하지 않는 걸 비판했다. 그는 한국과 일본을 비롯한 동아시아 국가의 성평등 수준이 여성에 대한 종교적·문화적 차별을 노골적으로 하는 중동과 북아프리카 국가들보다 낮은 게 말이 되느냐며 '엉터리 통계'라고 일축한다.[6]

세계경제포럼 통계는 갈등을 부추긴다

세계경제포럼은 자신들이 고안한 성 격차 지수는 "(여성이 누리는) 자원과 기회의 절대적 수준이 아닌 성별 격차를 측정하는 데 목적이 있다"고 밝히고 있다. 성 격차 지수는 경제 참여 기회, 교육, 보건, 정치 참여 분야 등의 14개 지표에서 남녀간에 존재하는 이러한 상대적 격차들을 측정하고 나름의 방법으로 가중치를 부여한다. 모두가 불행해도

남녀의 상대적 격차가 적다면 더 높은 순위가 매겨진다.[7]
이에 대해『한겨레』기자 임인택은 다음과 같이 말한다.

"경제·정치·교육·건강 부문별 남성의 기회나 지위를 1점 삼고 여성의 수준을 상대 계량해 각 국가 내 젠더 차별을 드러낸다. 잘사는 나라도 남성이 다 해먹으면 0점, 못사는 나라도 성별 몫이 균등하면 1점 만점이다. 해서 점수엔 표정이 있다. 남녀가 함께 누려 행복하면 기쁜 1점, 같이 못 누려 같이 불행하면 슬픈 1점이랄까."[8]

한국은 사회 전 분야에 걸쳐 높이 올라갈수록 남성이 대부분 해먹는 나라인지라 이 통계에선 늘 후진국이 된다. 각 분야의 고위직에 여성이 어떤 비중을 차지하고 있느냐는 매우 중요한 문제이긴 하지만, 오직 그것만으로 성평등의 전반적인 수준을 말할 수 있는 걸까? 종교적·문화적으로 노골적인 여성 차별을 하는 나라들이 한국보다 더 나은 점수를 받는 이상한 일이 벌어지는 걸 당연하게 여겨도 괜찮은 걸까?

이 통계의 핵심적인 문제를 한마디로 압축해 표현하자면, 의도적인 페미니즘 가치 지향성과 더불어 '유럽 중심주의'다. 문화와 사회 발전 정도가 비교적 동질적인 유럽에선 나름 쓸모 있는 통계일 수 있다. 문제는 그런 통계를 숭배한다는 말이 어울릴 정도로 전폭적으로 신뢰하는 다른 지역의 나라들에 있다. 물론 한국도 바로 그런 나라 중의 하나다. 앞으론 세계경제포럼 통계를 인용할 때엔 반드시 한국이 성평등에서 상위권에 속한다는 결과를 보여주는 다른 국제 통계들도 같이 거론하는 게 좋겠다.

문제가 있긴 하지만 높이 올라갈수록 남성이 대부분 해먹는 나라에선 세계경제포럼 통계가 변화의 자극을 주는 좋은 역할을 할 수 있지 않을까? 아마도 페미니스트들은 그런 생각을 했을 게다. 나 역시 그런 순기능이 있다는 생각으로 지지를 해왔다. 그런데 그간 벌어진 일들은 부작용이 더 크다는 걸 말해주고 있으니 어이하랴. 생각해보라. 다수 여성은 믿을망정, 다수 남성은 믿지 않고, 이대남은 엉터리라고 비웃거나 욕하는 통계로 무슨 바람직한 변화가 가능하겠는가 말이다.

성별 임금 격차를 이대남이 책임져야 하는가?

세계경제포럼의 성 격차 지수가 엉터리 통계일망정, 여성
의 사회 진출, 특히 성별 임금 격차에서 한국이 매우 낮은
수준이라는 건 흔쾌히 인정할 필요가 있겠다. 성별 임금 격
차는 경제협력개발기구OECD 통계에서도 한국이 늘 1위
를 차지해왔다. 이는 앞서 한국의 여성 이사 비율이 사실상
세계 꼴찌를 기록했다는 통계와도 일맥상통한다.

　한국의 성별 임금 격차는 2020년 기준 66.3퍼센트
로 남성 근로자가 100만 원을 벌 때 여성 근로자는 66만
3,000원을 벌었다. 여성가족부 통계에 따르면, 2021년 한
국의 성별 임금 격차는 69.6퍼센트다. 그런데 박민영은 이
대남 문제와 관련해 "성별 임금 격차 통계는 '허구'다. 정
확히는 여성계와 정치권의 입맛에 맞게 가공된 통계다"고
주장한다.

　이 주장의 핵심은 임금 격차는 나이에 따라 크게 다
른데, 55세 이상은 45퍼센트, 30대 이상부터는 35퍼센트
의 차이가 나지만, 20대는 5~8퍼센트의 차이에 불과하다

는 것이다. 그는 "임금 격차의 가장 큰 수혜자인 50대 남성의 빚을, 이대남이 대신 갚는 모양새"인데다 산업, 직종, 업무 강도의 차이를 반영하지 않은 것임에도 전체의 성별 임금 격차 통계가 주로 이대남을 윽박지르는 용도로 활용되고 있다는 걸 문제 삼는다.[9]

또한 이대남은 페미니즘 진영에서 '사회 진출 기준의 피해자 서사'를 구사하는 것에 강한 이의를 제기한다. 예컨대, 박세환은 이렇게 말한다.

"사회 진출에서의 남녀 격차를 상투적인 여성 피해 서사로 치환하는 페미니스트들은 '사회에 나가 무언가 땀을 흘리며 대가를 받는 삶'은 특권인 반면, 그렇지 못한, 이를테면 '별도의 경제적 수익 없이 가사 노동에 집중하는 삶'을 피해라고 규정한다. 여성이 가정 바깥으로 나가지 못했음에 대해 피해라고 말하지만, 반대로 가정 바깥으로 나가 수익을 챙겨올 '의무'가 남성에게만 부과되는 사실에 대해서는 피해라 말하지 않는다. 이러니 항상 여성은 피해자고 남성은 수혜자일 수밖에 없다."[10]

왜 20대에 국한시켜 비교 평가하지 않는가? 이게

이대남의 불만이다. 한국여성정책연구원의 성인지 통계에 따르면 20~24세 여성 임금은 남성 대비 93.8퍼센트, 25~29세는 92.4퍼센트, 30~34세는 88.6퍼센트였다. 특히 '양질의 일자리'라는 500인 이상 대기업의 성별 임금 격차는 25~29세 94.1퍼센트, 30~34세 89.6퍼센트로 더 적었다.[11]

젠더 갈등을 악화시키다

사실 그간 이대남 관련 논쟁에서 빠지지 않고 등장했던 전체 성별 임금 격차의 책임은 이대남이 아닌 기성세대에게 따져 물어야 할 것이었다. 여성의 출산과 육아로 인한 경력단절이 나이가 들면서 벌어지는 성별 임금 격차의 요인이기 때문이다.[12]

여성 임금은 기혼자들이 '본격 육아'를 시작하는 35~39세에 남성의 79.7퍼센트, 40~44세에 69.5퍼센트, 45~49세에 58.6퍼센트로, 5년마다 10퍼센트포인트 가까이 떨어짐으로써 50대 이상 여성은 대략 남성의 절반가량 임금을 받게 되는 결과를 초래하고 있다. 한국여성정책연구원 성인지 통계에 따르면, 육아 휴직자 중 남성 비율은 24.5퍼센트, 기혼 여성의 가사 활동 시간은 기혼 남성의 4.1배에 달한다.[13] 그러니 성별 임금 격차가 벌어질 수밖에 없잖은가?

그런데 문재인 정권은 사실상 그런 문제의 책임을 '진보'를 빙자해 이대남에게 떠넘기는 자세를 보였고, 이는 각종 정책에서도 일관되게 드러났다. 이 또한 문재인 정권의 속성이라 할 내로남불이었다. 문재인 정권이 비교적 마음대로 할 수 있었던 공공기관과 공기업에서부터 변화를 모색할 수 있었던 게 아닌가?

이른바 '캠코더 인사'를 통해 공공기관과 공기업의 요직을 장악한 문재인 정권 인사들은 우선 자신들의 분야에서부터 그런 문제와 더불어 비정규직 문제를 해소할 수 있는 방안을 마련했어야 했다. 그러나 이들은 자신들의 이해관계가 걸려 있는 기득권은 사수하면서 이대남을 대상으로만 양보의 미덕을 역설하고 강요했으며, 그걸 가리켜

'진보적 개혁'이라고 외쳐댔다. 이런 식의 '진보적 개혁'은 전 분야에 걸쳐 이루어졌다.

이게 바로 '이대남 신드롬'을 만든 결정적 이유였다. 출범 당시 문재인 정권에 대한 이대남의 지지율은 90퍼센트에 육박했지만, 이후 계속 하락 추세를 보이면서 20퍼센트대까지 추락한 건 바로 그런 '책임 전가' 때문이었다. 기가 막힌 건 기성세대, 특히 진보 정치권과 지식인들이 보인 적반하장賊反荷杖 태도였다. 이들은 이대남의 '보수성'을 비난하는 망언·실언을 양산해냈는데, 꼰대인 내가 봐도 어이가 없는 게 너무 많았다.

'페미니스트 코스프레'라는 집단적 위선극

세계경제포럼 통계가 각 조직에서 높이 올라갈수록 남성이 대부분 해먹는 문제, 여성의 출산과 육아로 인한 경력 단절 문제를 해결하는 데에 집중적으로 활용되었다면 이대남의 지지를 받을 수도 있는 것이었다. 앞서 지적했듯이,

그러나 불행히도 세계경제포럼 통계는 주로 이대남을 윽박지르는 용도로 사용되었다.

성평등을 위해 도입하겠다는 새로운 제도는 이제 갓 사회생활을 시작한 이대남에게 적용되는 것이었고, 기득권에 아무런 위협을 받지 않는 기성세대의 남성은 진보적인 척 '페미니스트 코스프레'를 할 수 있는 기묘한 집단적 위선극이 전개되었던 것이다.[14]

이에 대한 이대남의 반감은 매우 강하다. 한국성평화연대 대표 이명준(29)은 "일반 페미니스트보다 남페미에 더 분노하는 사람들이 많다"며, "소위 스윗남페미라고 저격이 되는 대상은 586 운동권 세대의 남성들로, 이들은 여성들을 배려해야 한다 혹은 여성 할당제를 해야 한다고 말로는 떠들지만 정작 자기 자리는 내려놓지 않으려고 한다"고 비난했다.

대학생 김 모씨(25)도 "대부분 대중 앞에서는 자기 성의식에 대해 스스로 고해성사를 하며 페미니스트를 자처했던 정치인들이 뒤에서는 권력형 성추행을 자행했다"며, "과거 관행에 과오가 있는 윗세대들이 반성을 하기는

커녕 이제 와 나는 보통 남자들과는 다르다는 선민의식을 가지고 한 번도 강자였던 적이 없는 젊은 세대를 가르치려고 들어 반감만 생긴다"고 토로했다.

이대남의 이런 반감에 대해 한신대학교 사회학과 교수 윤상철은 "민주화 운동가들이 광주에 대한 죄의식을 가지고 있듯 성차별에 대한 죄의식을 가지고 있을 수 있고, 순수한 사회적 정의를 실현하는 차원에서 페미니스트를 자처하는 남성들이 있다"며, "여러 가지 이유에서 남자 페미니스트가 나오는데 본인은 행동하지 않으면서 사회 기득권 포지션을 유지한 채 남에게 설파만 하는 것은 비판받을 수 있다"고 말했다.[15]

기성세대의 책임을 이대남에게 떠넘기지 마라

물론 그 어떤 위선도 없이 자신이 실천하는 것을 역설하는 '남페미'도 있겠지만, 그렇다고 해서 그게 큰소리를 칠 이유는 되지 못한다. "남성 역차별은 가부장제 역사의 죄, (너희가) 물려받아라"(법륜 스님)라는 말은 좋게 해석할 수도 있는 조언이지만,[16] 이대남이 물려받는 걸 거부하면 어떻게 되는가? 그런 뜻을 표하는 것에 대한 평가는 공정했던가? 어느 청년 남성의 다음과 같은 항변은 단지 '백래시'에 불과한 것인가?

"아마 상위 세대 여러분들은 내심 2030 남성들이 사회가 요구하는 모든 죄의식을 말없이 수긍함으로써 그냥 젊은 남성들이 모든 걸 받아들이고 무릎을 꿇어주는 쪽으로 이 젠더 갈등의 시끄러움이 종식되길 바랄지도 모르겠습니다. 그러나 그것은 우리가 수용할 수 없는 요구입니다. 우리는 우리가 납득할 수 없는 죄의식을 수용할 수 없습니다. 우리는 남성이라는 이름 그 자체를 원죄로 만들려는 이들의 요구를 수용하지 않을 것입니다."[17]

최소주의 원칙 하나만 확인해보자. 기성세대 남성이 대부분 해먹는 문제의 책임을 이대남에게 묻는 건 공정하지 않다. '위선적 진보'가 시대정신이 아니라면 이대남의 항변과 분노를 무조건 '보수적'인 것으로 돌리는 일은 더더욱 하지 말아야 한다. '페미니스트 코스프레'는 이제 그

만하고, 모두 다 문제 해결을 위해 발 벗고 나서보자.

　'이대남 신드롬'에 관한 논의는 감정이 뒤섞이면서 증폭된 형태로 나타나는 '증상'보다는 그렇게까지 악화된 사태의 원인 규명에서부터 출발해야 할 것이다. 상대방의 주장을 경청하면서 일단 선의 해석을 하는 과정을 거침으로써 상호 오해와 과장을 걷어내는 일이 필요하다. 지금으로선 꿈같은 이야기일망정 이대남과 페미니즘의 화해를 꼭 보고 싶다.

‘상징 투쟁’에 소환된
‘김지영’과 ‘여성가족부’

제3장

집단적 삶은 상징 투쟁의 연속

"상징은 이해와 행동으로 가는 효과적인 지름길이다."[1](에

드워드 버네이스)

"선전은 의미 있는 상징들에 의한 집단적 태도의 조작이

다."[2](해럴드 라스웰)

"이미지와 상징을 무시하고 권력을 손에 쥐는 예는 없

다."[3](로버트 그린)

"아이디어의 깊은 뜻은 상징 이외의 수단으로는 전달될 수

없다."[4](새뮤얼 테일러 콜리지)

"상징은 결코 터무니없는 공상이 아니다. 이것은 인간 삶 자체에 내재되어 있다."[5](앨프리드 노스 화이트헤드)

상징에 관한 명언들이다. 우리 인간의 집단적 삶은 상징 투쟁의 연속이라고 해도 과언이 아니다. 프랑스 사회학자 에밀 뒤르켐은 "자신의 깃발을 위해 죽는 병사는 자신의 조국을 위해 죽는 것이다"고 했는데,[6] 목숨까지는 아닐망정 우리는 늘 상징에 많은 것을 건다. 그래서 정치는 '상징 조작의 예술'이 된다. 내세울 상징이 없는 사회운동은 성공하기 어렵다.

상징은 정교하진 않다. 아니 정교해선 안 된다. 다양한 구성원을 가진 집단의 감정적 힘을 결집하기 위해선 단순해야 한다. 오랜 세월 동안 살아남는 상징도 있지만, 지속성이 약해 잠시 반짝 하고 사라지는 상징도 있다. 세월이 꽤 흐른 후에 과거의 상징들을 돌아보면 우스꽝스러운 게 많다. 그게 그렇게까지 집단적 열정을 쏟아부을 만한 가치가 있는 상징이었는지 어이가 없다는 생각이 들기도 한다.

『82년생 김지영』을 둘러싼 상징 투쟁

몇 년 전 조남주의 『82년생 김지영』이 페미니즘의 상징이 되었던 사건을 상기해보라. 한 여성 가수는 이 책을 읽었다고 밝혔다가 반反페미 진영의 공격을 받는 수난을 당했다.[7] 이와 유사한 사건이 몇 차례 더 일어나면서 『82년생 김지영』의 '페미니즘 상징'으로서 그 지위는 공고해졌고, 이 책을 단 한 줄도 읽어보지 못한 사람들까지 이 책에 대해 적대감을 드러내는 진풍경이 벌어졌다.

그건 난센스였다. 『82년생 김지영』은 그냥 좋은 책이었을 뿐 그렇게까지 펄펄 뛸 일은 아니었다. 동명의 영화 역시 마찬가지였다. 모두 다 똑같은 생각을 하고 살아야만 하는가? "나는 이렇게 살았다"고 말할 자유도 없단 말인가? 긍정이건 부정이건 각자 자신의 감상평을 자유롭게 말하면 될 일이지, 그 책이나 영화를 본 것 자체에 비난을 퍼부어야 할 이유가 뭐란 말인가? 26세 대학원생 강혜인은 "주변에서 흔히 보는 여성의 삶을 다룬 소설인데 남자들이 왜 이걸 '꼴페미 책'이라 비난하는지 모르겠다"고 했는데,[8]

정말 어이없는 일이다.

그게 바로 상징 투쟁의 함정이다. 이 책이나 영화에 대해 조금이라도 부정적인 언급을 하면 반反페미 책동으로 몰아가는 것도 마찬가지다. 사안별로 분리해서 평가해야 할 일마저 자신의 진영에 유리한지 불리한지를 따져 판단하는 정치권의 '진영 전쟁'과 놀라울 정도로 비슷하다. 상징 투쟁과 진영 전쟁은 모든 문제를 흑백 이분법으로 환원시킨다는 점에서 위험하다. 무엇이건 상징이 되면 타협이 없는 '올인 게임'이 되고 만다. 상징은 늘 편 가르기에 따라 '성역화'되거나 '악마화'되기에 이런 상징 투쟁에 타협은 없다.

김민희는 최근 출간한 『다정한 개인주의자』(2022)에서 『82년생 김지영』에 대한 주변 사람들의 반응을 근거로 '갈등의 진짜 원인'은 페미니즘과 무관한 '세대 차이에 의한 가치관의 충돌'이라고 했다.[9] 남녀를 불문하고 집단주의와 개인주의에 대한 감수성의 차이도 적잖이 작용했을 게다. 페미니즘이 의존하는 '정체성 정치'는 "구조의 책임을 나에게 묻지 마라"고 외쳐대는 젊은 남성들의 개인주의적 감수성과 충돌한다. 이걸 꼭 페미니즘을 둘러싼 갈등으로 환원해야만 할까? 예컨대, 어느 청년 남성의 다음과 같은 항변을 '실체 없는 억울함'으로 폄하해도 괜찮은 걸까?[10]

" '남성을 규탄하는 여성의 목소리'는 선대 여성들이 억압받아왔다는 역사적 맥락에 의해 언제나 정당했고, '이에 반박하는 젊은 남성의 목소리'는 세상을 어지럽히려는 불순함으로 언제나 매도당했습니다. 세상은 우리에게 선대의 잘못들까지 모두 뒤집어씌운 채 그렇게 입을 다물고 조용히 있을 것을 강요했고, 이에 이의를 제기하려 하는 이들은 언제나 여혐주의자, 복고주의자, 극우, 대안 우파 따위의 불편한 꼬리표를 감내해야만 했습니다.⋯⋯오늘날 2030 남성들의 분노는 바로 이러한 맥락 속에서 형성되었습니다. 이는 물리적, 물질적인 문제이기 이전에 정신, 문화, 관념적인 억압의 문제입니다."[11]

'여성가족부 폐지' 논란이 뜨거웠던 이유

페미니즘과 관련해 벌어진 상징 투쟁 중 『82년생 김지영』 이상으로 격렬했으며 6개월 넘게 현재진행형인 것은 2022년 1월 7일 국민의힘 대선 후보 윤석열이 페이스북에 올린 '여성가족부 폐지'라는 일곱 글자였다. 윤석열은 2021년 10월 공약 발표 기자회견에서 여성가족부에 대해 "양성평등 기능을 제대로 수행하지 못하고 남성을 잠재적 범죄자로 취급하는 홍보 등으로 실망감을 안겨주었다"며 개편 필요성을 강조한 바 있었지만, 그땐 폭발적인 관심을 불러일으키진 못했다.

그러나 이번엔 달랐다. '여성가족부 폐지'라는 단 한 줄의 문구만 있는 게시물을 올린 게 상징 투쟁에 적합한 방식이었기 때문인지는 모르겠지만, 이 게시물은 1시간도 안 되어 1,000개가 넘는 댓글이 달리는 등 뜨거운 관심과 더불어 논란을 불러일으켰다.[12] 찬반 양쪽 모두 이게 그렇게까지 격렬하게 싸워야 할 주제였을까? 선뜻 이해하기 어려운 점이 있었다. 여성가족부를 폐지하더라도 여성가족부가 수행해온 일들의 대부분은 폐지할 수 없는 것이었기 때문이다. 기껏해야 이름만 바꾼 다른 부서를 만들거나 하는 수준으로 끝날 게 뻔한데, 왜 양쪽 모두 목숨을 건 것처럼 이 문제에 매달렸던 걸까?

물론 답은 간단하다.『82년생 김지영』처럼 여성가족부 역시 페미니즘의 상징이었기 때문이다. 그러니 애초부터 실질적이고 이성적인 논의와 싸움은 기대하기 어려웠다.[13] 2022년 대선이 0.7퍼센트포인트(48.5퍼센트와 47.8퍼센트)라는 간발의 차이로 윤석열의 승리로 끝나자, 분노한 여성 일부는 온라인에 "윤석열 집권 기간 동안 아이를 낳지 않겠다"느니 "윤석열 찍은 사람들은 이제 성폭행 당해도……" 운운하는 글을 올리기도 했다.[14] 번역가 조고은은 "윤석열 후보가 대통령에 당선된 순간, 나는 그를 지지한 수많은 사람들을 어떻게 이해해야 세상을 원망하지 않을 수 있을지 고민스러웠다"고 했다.[15]

이상한 일이었다. 이들의 분노와 공포는 페미니즘과 정치적 당파성 중 어느 것과 더 관련이 있는 것이었을까? 박원순 사건의 피해자인 김잔디(가명)가『중앙일보』에 기고한 「"피해 호소인" 야만적 2차 가해…이런 민주당 찍을 수 없었다」라는 글에서 밝혔듯이, 이들의 분노와 공포는 좀더 일찍 문재인 정권과 민주당을 향해 표출되어야 했던 게 아닐까?

김잔디는 "민주당의 성범죄로 빈자리가 된 주요 지역 지자체장들을 다시 뽑기 위한 보궐선거를 위해 들어간 비용은 1,000억 원에 육박할 만큼 컸다. 막대한 세금을 낭비하고도 일말의 양심조차 없는지 민주당은 당헌까지 바꿔가며 후보를 냈다. 이런 사실을 애써 축소하려는 의도인지 문 정부의 여가부 장관은 '국민의 성인지 집단 학습 기회'라고 말했다"며 다음과 같이 개탄했다.

"이 정도 인식이니 민주당 남녀 의원들과 그 지지자들이 피해자를 향해 야만적인 2차 가해를 하는 걸 뻔히 보고도 단 한마디의 일침도 놓지 않았을 것이다. 이런 말도 안 되는 상황을 목격한 국민의 분노가 차오르고, 야당은 이를 반영해 이번 대선 국면에서 '여성가족부 폐지'라는 공약을 내놓았다. 지난 5년 동안 너무도 명백한 잘못을 하고도 제대로 바로잡을 생각조차 하지 않더니 폐지 공약이

나오고 나서야 '여성과 남성을 편 가르고, 혐오적인 선동'이라고 여가부 안팎, 여성계가 흥분한다. 그리고 적잖은 2030 여성들이 여기에 동조한다."[16]

　　전국 47개 여성 단체도 대선 닷새 후인 3월 14일 '찐眞여성주권행동(주권행동)'을 발족하면서 여성가족부를 비판하고 나섰다. 주권행동은 "평범한 여성들의 인권을 보호해주지 못하고 정치적으로 자신들과 같은 편인 권력자들을 옹호하기 바쁜 여가부와 여성 단체들은 그 모순된 행태로 이미 존재의 의미를 상실했다"며, "여가부 폐지 논란의 가장 핵심은 여가부가 박원순, 오거돈 같은 고위직 인사들의 권력형 성범죄 사건에 대해서 철저하게 침묵한 채 피해자 여성들을 보호하기는커녕 그들을 n차 가해하는 데 앞장섰기 때문"이라고 했다.[17]

여성가족부라는 상징을 둘러싼 공방

사실 김잔디나 주권행동의 비판에서 지적된 문제는 여가

부 업무 중 아주 작은 부분에 지나지 않는 것이었지만, 비판자들은 이걸 가장 중요하게 생각했으며 이 점에선 이대남도 다르지 않았다. 임명묵은 여성가족부는 이대남에게 '인정 투쟁'의 문제로 여겨졌다는 점에 주목한다. 그는 "무엇보다 그들에게 필요했던 것은 '인정'이었다. 많은 청년 남성층은 사회의 시스템, 특히 논의를 이끌어가는 정치권·학계·언론계가 모두 여성에게 우호적이며 남성에게 적대적이라고 인식한다"며 다음과 같이 말했다.

"성적 표현, 병역 의무 등에서 이들 집단이 이중 잣대를 적용하고 있으며 여성들의 요구는 즉각적으로 수용하는 반면 남성들의 불만은 '비합리적'이고 '찌질한' 것으로 묵살한다는 이야기다. 이런 불만이 오랜 기간 누적돼온 결과, 그들은 오직 딱 하나, 자신들의 불만을 인정해주고 그 불만을 대의해주겠다고 나서는 사람이면 누구든지 전폭적으로 지지하겠다고 소리치게 된 것이다. 그러니 '여성가족부 폐지' 일곱 글자가 집단적 인정에 대한 갈망을 풀어주는 마법으로 다가왔던 것이다."[18]

물론 모든 이대남의 생각이 다 같은 건 아니었다. '이대남'이란 작명 자체에 반감을 표하는 20대 남성들도 있었다. 이들은 여성가족부를 인정 투쟁의 문제로 생각하지 않았다. 윤석열이 '여성가족부 폐지'라는 일곱 글자를 올린지 이틀 후인 2월 9일 '행동하는 보통 남자들' 소속 활동가들은 서울 종로구 세종문화회관 중앙 계단에서 '우리는 이대남이 아니란 말입니까'라는 기자회견을 열었다.

이들은 선언문을 통해 "우리는 정치권과 미디어에서 그려내는 다 똑같은 청년 남성이 아니다"라면서 "우리는 가부장제의 폐해와 성차별에서 벗어나 성평등으로 나아가고 하는 사람"이라고 강조했다. 이들은 여성가족부 폐지에 반대하면서 "청년 남성인 우리가 경험하는 문제의 원인이 페미니즘이거나 어떤 페미니스트가 아니라는 것을 안다"라고 했다. 이어 "여가부를 없애서나 여성이 군대에 간다고 해서 지금 내가 겪는 문제가 해결되거나 성평등해지지 않는다는 것"이라면서 "정치권과 미디어는 혐오를 부추기는 것을 멈추고 성평등을 위한 진지한 고민과 구체적인 정책을 보여달라"고 요구했다.[19]

이게 바로 인정 투쟁이라는 상징 투쟁을 하는 사람들

과 '구체적인 정책'을 중시하는 사람들의 차이였다. 하지만 '구체적인 정책' 요구파는 소수였고, 여성가족부를 페미니즘의 상징으로 여겨온 페미니스트들도 실질보다는 상징의 훼손에 더 분노한 것처럼 보였다. 이들은 여성가족부 폐지를 지지하는 사람들의 주장에 정서적으론 상당한 근거가 있음을 인정하고 존중하면서 주장을 펼쳐야 했지만, 시종일관 당당하고 공격적인 자세와 어조를 유지하는 한계를 드러냈다.

그런 점에서 여성가족부의 필요성을 옹호하면서도 그간의 여성가족부에 대해 성찰하는 자세를 보인 변호사 김재련이 돋보였다. 그는 "여성가족부가 젠더 갈등에 적극적으로 개입해 갈등을 완화하고 남녀가 공존할 수 있는 정책을 개발하고 집행했어야 하는데 이를 방관한 측면이 있습니다"라면서 다음과 같이 말했다.

"여성가족부의 문제점을 지적하는 남성들에 대해 생각이 없는 사람이란 식으로 매도한 측면도 있고요. 어떤 면에서는 여성들의 채권자 의식이 너무 과잉되었다 이렇게 볼 수도 있습니다. 또 폭력 예방 교육에서 남성을 마치 잠재적인 성범죄자처럼 불편함을 느끼도록 했던 부분도 공감하고 시정을 했어야 하는데 안이하게 대응하다 보니까 갈등이 더 심화되는 데 여가부가 기름을 끼얹은 건 아닌가 반성합니다."[20]

상징 투쟁에선 소통과 타협이 어렵다

모든 페미니스트가 김재련처럼 생각하고 말하면 얼마나 좋을까? 이대남은 "평등 사회를 만들어가겠습니다"라고 천명한 여성가족부에 대해 이런 질문을 던지고 싶어 한다는 것도 이해하면 좋겠다.

"평등 사회를 왜 여성가족부가 만드는가. 좋다. 평등 사회를 만드는 것도. 그렇다면 그 평등 사회를 만들 때 이대남은 어떤 존재로 인식되는가. 보호의 대상인가, 아니면 걸림돌과 같은 존재인가, 아니면 회피의 대상인가, 그것도 아니면 저주와 파괴의 대상인가."[21]

이대남들을 직접 만나 들은 이야기를 바탕으로 『20대

남자, 이대남은 지금 불편하다: 대한민국에서 살아가는 20대 남성들의 현타 보고서』(2021)를 출간한 정여근은 「듣기만 해도 지겨운 '82년생, 그 아줌마」라는 글에서 "사회 양극화가 심화하면서 점점 확장되는 '기회의 불평등'을 온몸으로 느끼고 있는 세대가 바로 이대남이다. 또래의 여자들이 한창 도서관에서, 학원에서 취업을 위해 피치를 올리고 있을 때 넋 놓고 북녘 땅이나 바라보고 있었던 이대남이 아니던가"라면서 다음과 같이 말한다.

"82년에 태어났다는 한 여자가 소설 속 주인공으로 등장해 세대를 거쳐 내려온 남녀 차별에 징징댔던 것처럼 솔직히 90년대에 태어난 이대남도 징징대고 싶다. '남자는 2년이라는 시간을 군대에서 보내지 않냐'며 투정을 부리면 바로 '여자는 애를 낳지 않냐'며 날카로운 화살이 쏟아지겠지만 그래도 할 수 없다. 아니 이대남도 할 말은 있다. '알았다. 당신과 결혼하지 않을 테니 제발 신경 좀 꺼라.'"

정여근은 "하나 더, 제발 82년생 김○○ 씨는 그만 좀 설쳤으면 한단다. 세상의 모든 편견과 차별을 온몸으로 뒤집어썼다고 발악하는 모습을 지금 이대남은 공감하고 이해할 마음이 없다"며 이렇게 말한다.

"실제로 부당한 차별을 몸소 당해온 어머니 세대가 이야기한다면 그래도 들어볼 마음이 있다. 하지만 자기들도 차별로 고통받고 있다며 허구한 날 같은 레퍼토리를 반복하고 있는 젊은 여자들의 피해자 코스프레는 꼴 보기 싫다고 했다. 진탕 술 마시고 지하철에서 행패나 부리는 꼰대 아저씨들만큼이나 기피하고 싶은 민폐 캐릭터처럼 보인단다."[22]

우리의 '김지영'이 어쩌다가 이렇게까지 혐오의 대상으로 전락했단 말인가? 문제는 성공에 있다. 책이 너무 성공하는 바람에 그렇지 않으면 잔잔하게 읽혔을 김지영의 고단한 삶이 여성 전체의 삶을 대변해주는 상징으로 부각되면서, 양상과 정도는 다를망정 마찬가지로 고단한 삶을 살고 있는 이대남의 거센 반발을 부른 것이다. 여성가족부도 페미니즘의 상징으로 부각되지 않았다면 그렇게까지 싸워야 할 이유는 없었을 것이다.

이렇듯 상징을 놓고 벌이는 갈등은 해소되기 어렵다. 해소해야 할 것들이 가슴 깊은 곳에 자리하고 있어서 상호 소통과 타협이 쉽지 않기 때문이다. 하지만 그 어떤 문제에도 상징은 같은 편에겐 '이해와 행동으로 가는 효과적인 지름길'이 아닌가? 사실 바로 이게 가장 큰 문제다. 우리는 젠더 갈등에서 상징 투쟁이 자주 일어나는 것에 대해 두렵게 생각해야 한다. 상징 투쟁은 엄청난 힘을 발휘할 수 있는 장점은 있지만, 이미 정해진 모범 답안에서 후퇴하는 법을 모르기 때문이다.

여성은 비참하게
보일수록 좋은가?

제4장

페미니즘과 '사회적 증거'

어느 심리학자가 남자 한 명을 길모퉁이에 세워놓고 텅 빈 하늘을 60초 동안 쳐다보게 하는 실험을 했다. 대부분의 행인들은 그냥 지나쳤다. 다음번엔 다섯 명이 똑같은 행동을 하도록 했다. 길을 가다 멈춰 서서 빈 하늘을 응시한 행인은 이전보다 4배 많아졌다. 15명이 서 있을 땐 길 가던 사람 가운데 45퍼센트가 멈춰 섰으며, 하늘을 응시하는 사람의 수가 늘어나자 무려 80퍼센트가 고개를 올려 하늘을 쳐다보았다.

1968년 미국 심리학자 스탠리 밀그램이 이른바 '사회적 증거social proof'의 원리를 밝히기 위해 실시한 실험이다. 이 원리는 옳고 그름에 관계없이 많은 사람이 하는 행동엔 그럴 만한 이유가 있을 것이라며 그걸 그대로 따라서 하는 경향을 말한다.[1]

'사회적 증거'는 이젠 상식으로 통할 정도로 많은 분야에서 활용되고 있지만, 언론에는 딜레마 상황을 유발한다. 사회 고발의 역효과 때문이다. 아무리 좋지 않은 일이라도 많은 사람이 하고 있다는 정보에 접하게 되면, 그런 '대세'에 따르려는 사람이 늘기 마련이다.

사실 모든 비판 행위가 그런 문제에서 자유롭지 않다. 예컨대, 학벌주의 비판은 특정 학벌 카르텔이 사회 각 분야의 요직을 독과점하고 있다는 걸 강조하기 마련이다. 하지만 이는 사람들에게 그걸 바꾸려는 개혁 의지보다는 좋은 학벌 카르텔에 속하는 게 생존 경쟁에 절대적으로 유리하다는 믿음과 실천 의지를 강하게 만드는 효과를 낳는 게 현실이다.

'사회적 증거'에 대한 이해는 공익 캠페인에도 적잖

은 영향을 미쳤다. 예전엔 고발의 형식으로 일부 시민들의 부정적인 행태를 강조하는 캠페인이 많았지만 이젠 좀 달라졌다. 긍정적 행태를 보이는 시민이 많다는 걸 강조하는 방식으로 바뀐 것이다. 물론 그렇게 하는 것이 더 나은 결과를 가져올 수 있다는 걸 알게 되었기 때문이다. 고발이나 비판은 여전히 꼭 필요하지만, 긍정적인 변화의 모습도 곁들여가면서 균형을 취하는 것이 바람직하다는 이야기다.

나는 페미니즘에도 그런 긍정의 기운이 좀 스며들었으면 좋겠다고 생각할 때가 많다. 억압 못지않게 성취에 대해서도 말하고, 절망 못지않게 희망에 대해서도 말하는 게 어떻겠느냐는 것이다. 일부 페미니즘의 분위기가 너무 어둡고 울분으로 인한 폭발 일보 직전에 있는 것 같다고 느낄 때가 많아 해본 생각이다.

나는 한국 페미니즘 문학사에 한 획을 그은 조남주의 『82년생 김지영』을 지지하지만, 좀 아쉽게 생각하는 점이 있다. 이 책의 96쪽에 인용된, 2005년에 나온 기사 내용을 보자. "50개 대기업 인사 담당자 설문조사에서는 '비슷한 조건이라면 남성 지원자를 선호한다'는 대답이 44퍼센트였고 '여성을 선호한다'는 사람은 한 명도 없었다."

이에 대해 작가 이선옥이 제기했던 문제를 다시 감상해보자. 이선옥은 "'여성을 선호한다'는 사람은 한 명도 없었다"는 문장 바로 다음에 "'남성이든 여성이든 상관없다'는 응답은 56%였다"라는 구절이 이어짐에도 그걸 빠트리고 넘어간 것에 이의를 제기한다. 여성 독자들에게 부족하나마 '희망'을 줄 수 있음에도 '절망'만 갖게끔 하는 게 과연 페미니즘에 무슨 도움이 되겠느냐는 것이다.[2]

물론 조남주의 선의는 이해한다. 사회적 약자를 옹호하는 글을 쓰는 사람들은 독자들의 공감과 지지를 끌어내기 위해 그 약자를 비참하게 보이게 하려고 애를 쓰는 법이니까 말이다. 나 역시 그런 식의 글을 많이 써왔다. 하지만 시간이 흐르면서 그런 '피해 서사'의 한계를 절감하게 되었다. 이게 하나의 패턴으로 굳어지면서 다른 가능성으로 가는 길을 차단하는 효과를 내기도 한다는 게 문제였다.

성평등 국제 통계를 인용하는 것만 해도 그렇다. 페미니스트들은 약속이나 한 듯이 한국이 성평등 분야에서 확실한 후진국임을 말해주는 통계들만 즐겨 인용한다. 세계경제포럼이 매년 발표하는 세계 성 격차 지수가 대표적인 예다. 이 통계는 여러 심각한 문제를 안고 있지만, 이건 거론되지 않는다. 한국이 성평등 분야에서 결코 후진국은 아니라는 걸 말해주는 다른 국제 통계들도 있지만, 이 또한 거론되지 않는다.

나는 사회정의를 위해 사회적 약자가 비참하게 보이도록 하는 것도 좋다는 생각을 해왔지만, 이젠 달리 생각하기로 했다. 그런 '피해 서사'에 동의하지 않는 사람들의 반발과 그로 인한 갈등이 심화되고 있는 것도 문제지만, 피해자 의식의 내면화는 우리를 화합과 행복으로 이끄는 데에 별 도움이 되지 않는다고 믿기 때문이다.

나임윤경 연세대학교 교수의 반론

이 글은 내가 『한겨레』(2022년 4월 25일)에 기고한 「페미니즘과 '사회적 증거'」라는 칼럼이다. 이 칼럼에 대해 나임윤경 연세대학교 문화인류학과 교수께서 『한겨레』에 「'오빠

가 허락한 페미니즘'의 제목 운명론」(4월 27일)이라는 제목
의 반론을 주셨다. 감사의 말씀을 드린다. 반론의 핵심 내용
은 다음 두 단락을 그대로 인용하는 것으로 족할 것 같다.

> 강준만 교수가 엊그제 쓴 칼럼「페미니즘과 '사회적 증
> 거'」는 가수뿐 아니라 학자도 자기 글의 제목을 따라가나
> 싶을 만큼, 그가 몇 년 전에 쓴 책『오빠가 허락한 페미니
> 즘』의 제목을 빼닮았다. 이 책 제목은 '과격한' 사상 페미
> 니즘이, 가르치려 드는 '오빠들' 때문에 과격해지려 해도
> 과격해질 수 없는 한국의 현실을 풍자적으로 포착했다. 저
> 자는 독자들에게 그러니 '오빠' 따위 신경 쓰지 말고 "중단
> 없는 전진"으로 "억압과 착취의 오랜 역사에 종지부를 찍"
> 으라고 말한다. 좀 다른 '오빠'인가? 싶게.
> 여성에 대한 억압과 착취를 끝내라며 힘주던 강 교수가, 그
> 러나 며칠 전 칼럼에서는 한국 페미니즘이 "억압 못지않게
> 성취"와 "절망 못지않게 희망"에 대해서도 말하는 게 좋겠
> 다고 했다. 그것도 6년 전 출간된 조남주의『82년생 김지
> 영』에 나온 통계에 대한 다른 작가의 말장난 같은 문제 제

기를 받아들이며 말이다. 대기업 설문조사 결과, 비슷한 조건이라면 '남성 선호' 44%, '여성 선호' 0%, 까지만 적은 조남주에게 '남성 여성 상관없다' 56%까지 써서 여성들에게 "부족하나마" "희망"을 말했어야 했다며, 페미니즘이 "울분으로 인한 폭발 일보 직전에" 있는 것 같아 해본 생각이라고 '맨스플레인' 했다. 예의 그 '오빠'답게.

반론에 대해 재반론을 할 생각은 없었다. 칼럼을 쓰기 전부터 반론이나 비판이 있을 걸로 예상한데다 그런 반론이나 비판이 타당할 것이라 믿어 의심치 않았기 때문이다. 물론 나임윤경의 반론은 예상대로 타당했다. 그가 느꼈을 분노나 짜증도 이해한다. 그 글은 내가 즐겨 쓰는 표현 그대로 정말 싸가지 없는 글이었다. 욕먹어 싸다. 나는 왜 그렇게 욕먹어 마땅한 글을 썼을까?
　나는 광주의 정치적 성향과 선택에 대해 하고 싶은 말이 많지만, 감히 하진 못한다. 내게 그럴 자격이 없다고 생각하기 때문이다. 아마도 나 같은 사람이 많을 게다. "저건 아닌데……"라고 생각하면서도 그런 생각을 입 밖에 낼 수 없는 사람들은 꼭 비겁하거나 소심해서 그런 건 아니다. 고통받지 않은 사람이, 그것도 사실상 그 고통을 피해 살았던 사람이, 고통받은 사람들의 정치적 성향과 행태에 대해 비판적으로 말하는 건 예의가 아니다.

여성과 페미니즘에 대한 발언도 마찬가지다. 일단 남자는 말하지 않는 게 좋다. 비판도 안 되고 제언도 안 된다. 무슨 말을 하건 몹쓸 '맨스플레인'이 되니까 말이다.[3] 그냥 지지의 뜻만 밝히거나 박수만 쳐야 한다. 나 역시 그렇게 살아왔으며, 앞으로도 대체적으론 그렇게 살아갈 것이다. 그런데 날이 갈수록 페미니즘에 대한 적대감이 높아지고 있는데, 페미니스트와 페미니즘 지지자들은 그런 적대감을 무조건 '백래시'로 일축해버린다. '백래시'는 싸워서 격파해야 할 대상일 뿐, 페미니스트와 페미니즘 지지자들이 성찰할 일은 없다. 과연 그런가? 그래야만 하는가? 우선 페미니즘에 대한 적대감을 살펴본 후에 이야기를 계속해보자.

"페미니즘 공부에 한창인 여학생에게 들은 바에 의하면, 대학교 안에서 페미니스트 정체성을 표방한다는 의미는 반공 사회에서 공산주의자보다 훨씬 더 위험한 존재임을 드러내는 것과 같다고 말한다. 대학 구성원들의 페미니즘에 대한 혐오와 무지를 과장하고 냉소하려는 그녀의 의도를 차치하고라도, 페미니스트 학생으로서 대학 안에서 안정적인 교우 관계를 맺는 것에 한계가 있음은 분명해 보인다."[4]

나임윤경이 『젠더와 사회』(2014)에서 한 말이다. 놀라운 말이었다. 페미니스트가 냉전 시대의 '빨갱이' 단어만큼이나 무서운 효과를 내고 있다니, 어찌 놀라지 않을 수 있겠는가? 하긴 2014년은 유별난 해였다. 그해 10월 이슬람국가IS에 가담한 것으로 추정되는 실종 소년 김 모 군(18)은 터키로 떠나기 전 자신의 트위터 계정에 "지금은 남자가 차별받는 시대다. 나는 페미니스트가 싫다. 그래서 IS가 좋다"고 남겼다. 네이버·다음 등 포털사이트에서 '페미니스트'는 며칠 동안 실시간 검색어 상위권에 머물렀다. 연애 칼럼니스트인 김태훈은 이를 두고 「IS보다 무뇌아적 페미니스트가 더 문제」라는 칼럼을 잡지에 기고해 논란을 불렀다.[5]

그로부터 7년 후인 2021년 5월에 실시한 『한국일보』·한국리서치 여론조사에선 '페미니즘이나 페미니스트에 거부감이 든다'는 질문에 "동의한다"고 응답한 비율은 52.7퍼센트였다. 남성이 62.7퍼센트로 여성(42.8퍼센트)에 비해 월등히 높았다. "동의하지 않는다"는 응답은 35.8퍼센트였고, 남성(29.7퍼센트)보다 여성(41.7퍼센트)이 많았다. 페미니즘에 반감을 드러낸 남성 응답자를 세대별로 살펴보면 20대가 77.3퍼센트로 가장 높았고, 30대(73.7퍼센트), 40대(65.9퍼센트), 60대 이상(51.7퍼센트), 50대(51.4퍼센트) 순이었다. '이남자'에 해당하는 20대 남성 못지않게 30~40대 남성도 페미니즘이나 페미니스트에 대한 거부감이 크다는 이야기였다.

'페미니즘은 남녀평등보다 여성 우월주의를 주장한다'는 질문에 대한 응답도 유사했다. "동의한다"는 응답은 50.6퍼센트(남성 61.9퍼센트·여성 39.6퍼센트)로 "동의하지 않는다"는 응답 38.8퍼센트(남성 31.0퍼센트·여성 46.4퍼센트)보다 많았다. "동의한다"고 답한 남성 응답자를 세대별로 분석하면, 20대 75.9퍼센트, 30대 67.7퍼센트, 40대 68.1퍼센트, 50대 52.6퍼센트, 60대 이상 50.7퍼센트로 남성 역차별에 대한 피해의식은 20~40대 남성 사이에서 큰 차이가 없었다.[6]

이런 변화는 여성학 강의에 대한 관심 저하로도 나타났다. 2016년 서울 '강남역 살인사건' 등을 계기로 페미니즘은 제2의 전성기를 맞았다는 말이 많았지만, 그 수명은 매우 짧았다. 예컨대, 서울대학교 여성학 관련 강의 수는 2004년 26개에 달했지만, 2020년에는 12개로 줄었다. 2022년 5월 서울권 사립대에서 페미니즘을 가르치는 한 교수는 "상당수 여학생은 페미니즘 수업을 들으면 취업에 불이익을 받는다고 생각하고, 남학생도 '왜 그런 수업을 듣느냐'는 낙인이 찍힐까 걱정한다"고 했다.[7] '남성과 함께 하는 페미니즘'의 회원인 김연웅(27)은 페미니스트 활동 시작 이후 "커밍아웃에 버금가는 '인간관계의 재편'을 겪었다"며, "친구들에게 '손절' 당하거나, 조롱 당한 적도 많

왔다"고 했다.[8]

『중앙일보』칼럼니스트 양성희는「한국형 여혐의 출발…페미니즘은 어쩌다 공공의 적이 되었나」라는 칼럼에서 "이쯤 되면 '나는 공산당이 싫어요'의 21세기 버전이 아닐까. 여기저기서 '나는 페미니스트가, 페미니즘이 싫어요'란 외침이 나온다. 페미니즘 책을 읽었다고, 페미니즘 구호가 적힌 티셔츠를 입었다고 사이버 불링 당하던 수준이 아니다"며 다음과 같이 말했다.

"'안티 페미니즘'이 대선의 핵심 전략이 되고, 정치권이 나서서 젠더 갈등의 골을 더 깊게 만든다. '페미니즘은 반헌법적 이념'이라는 '선언'까지 나왔다. 페미니즘을 여성우월주의, 사회통합과 남녀 화합을 해치는 주범으로 질타하는 식이다. 정치권이 페미니즘을 공공의 적쯤으로 추인해줬으니 앞으론 공공연하게 '페미니스트 알바생 사절'이라는 사상 검증을 해도 할 말이 없게 됐다. 어린 남학생들도 '엄마도 페미야?' '선생님도 페미죠?' 묻는단다. 페미니스트가 최고의 멸칭이 돼버린 시대다."[9]

서울대학교 사회학과 교수 장덕진은 『경향신문』의

「한국인, 마음의 변화를 읽어라」라는 칼럼에서 "모두가 알다시피 이제 한국의 페미니즘은 일대 위기에 빠져 있다"며, "대선 과정에서 페미니즘은 거침없이 공격당했고, 새 정부의 정책에 관여하는 사람들 중에 성별을 막론하고 페미니즘에 대한 공감을 표시하는 사람은 없다"고 개탄한다.[10]

이대남의 성평등 의식에 거는 기대

이렇듯 페미니즘이 '공공의 적'이 되고, 페미니스트가 '최고의 멸칭이 돼버린 시대'에서 우리는 어찌 해야 하는 걸까? '백래시'와의 전면전만 외치면 되는 걸까? 정말 페미니즘 진영엔 성찰해야 할 일이 없는 걸까? 이미 앞서 다른 글에서 밝혔듯이, 지난 몇 년간 한국에선 페미니즘을 정파성의 하위 개념으로 볼 수 있는 많은 사건이 있었다. 나는 이른바 '피해 호소인' 사건 때 내가 존경했던 페미니스트들이 사실상 '페미니즘 죽이기'를 하면서도 그게 왜 문제가 되는지를 이해하지 못하거나 외면하는 걸 보면서, 그리고 페미니즘 진영 내에서 광범위하게 작동한 '침묵의 카르텔'을 보면서, 절망했고 분노했다.

그러나 나는 그 절망과 분노를 생산적인 방향으로 돌리면서 '이대남과 페미니즘의 화해' 가능성을 모색하는 일에 관심을 갖게 되었다. 이대남의 생각과 주장을 '몹쓸 백래시'로만 보지 말고 대화를 해보는 게 어떻겠느냐는 것이다. 물론 주제넘고 싸가지 없는 짓이겠지만, 나는 그게 바로 '지식인의 역할'이라 믿는다.

문제의 내 글은 그런 기조 위에서 쓰인 것이었기에 그 어떤 페미니스트의 공감도 얻기 어려웠을 것이다. 하지만 나로선 보수 정치권을 상종하지 못할 독재자들의 후예로 보면서 그걸 독선과 오만과 내로남불의 근거로 삼다가 망하기 일보 직전의 상태에 놓였던 민주당의 경험을 환기하고 싶다. 부디 페미니스트들이 민주당의 그런 전철을 밟지 않으면 좋겠다.

20대 남성 중 77.3퍼센트가 '페미니즘·페미니스트에 거부감이 든다'고 했지만, 20대 남성의 성평등 의식은 20대 여성에 뒤질 뿐 다른 어떤 세대·성별보다 높다. 한국

민주주의연구소 선임연구원 최종숙의 논문 「20대 남성 현상 다시 보기: 20대와 3040세대의 이념 성향과 젠더 의식 비교를 중심으로」를 보면, '남성의 육아를 수용한다'는 항목에서 3.97점을 받아 3.8점을 받은 30대 여성보다도 높았다.[11] 이에 기대를 걸어볼 만하지 않은가? 이와 관련, 20대 대학생으로 청년21 대표인 김승주는 다음과 같이 말한다.

"20대 남성들은 성평등과 페미니즘을 다른 개념이라고 봐요. 이대남이 생각하는 성평등은 '육아? 우리도 할게', '경력 단절? 보상해야지' 이런 식으로 과거에 여성만 지고 있던 의무나 페널티를 완화하는 것에 동의합니다. 하지만 그게 현재 여성들에게 여성 가산점, 여성 할당제와 같은 '결과의 평등'을 제공하자는 건 아니에요."[12]

1990년대생들의 '반페미니즘'을 위한 변명

나는 2020년 4월에 출간한 『쇼핑은 투표보다 중요하다: 정치적 소비자 운동을 위하여』에서 "90년대생들의 '반反

페미니즘'을 위한 변명"을 한 적이 있다. 요즘 '자기복제'
니 '자기표절'이니 하고 문제를 삼아 그냥 넘어가려고 했
지만, 독자들의 이해를 위해 아무래도 다시 소개하는 게 좋
겠다는 생각이 들었다. 너그러운 이해를 바라마지 않는다.
나는 이 문제에 관한 최고의 지침서는 박원익과 조윤호의
『공정하지 않다: 90년대생들이 정말 원하는 것』(2019)이
라는 책임을 밝히면서, 이 책의 주요 내용을 중심으로 이야
기를 풀어갔다. 다음과 같은 이야기다.

　구세대의 관점에서 볼 때엔 1990년대생은 신인류
다. 페미니즘을 대하는 태도가 전혀 다르다. 자신을 진보
적이라고 생각하는 구세대에게 페미니즘은 무조건 지지해
주어야 할 당위였다. 여기서 주의해야 한다. '무조건 지지
해주어야 할 당위'라는 건 형식적인 시혜 수준의 제스처일
뿐, 그것은 실천과는 거리가 매우 멀다는 점이다. 즉, 공적
영역에선 남성 페미니스트인 척하지만, 사적 영역에선 전
혀 다른 인간이라는 이야기다. 이는 '미투 운동'에서 드러
난, 수많은 진보주의자의 성폭력 작태를 통해 질리도록 입
증된 사실이다.

반면 1990년대생에겐 그런 이중성이나 위선이 없다. 구세대는 생활은 반페미니즘을 실천하면서 머리로만 페미니즘을 긍정하는 반면, 1990년대생은 출생 이후 생활이 곧 페미니즘 그 자체였다. 2008년과 2018년의 통계청 조사 결과를 비교해보자. 2008년엔 가사 분담에 대한 견해를 묻는 항목에 "공평하게 분담해야 한다"는 응답이 20대 남성은 44.0퍼센트, 20대 여성은 61.3퍼센트로 나타났다. 2018년엔 어떻게 달라졌는가? 놀랍게도, 20대 남성은 80.0퍼센트, 20대 여성은 83.0퍼센트였다.[13]

가부장제에 대한 생각은 어떤가? 구세대는 입으로는 페미니즘의 옹호자인 것처럼 행세하지만, 그들의 몸과 마음은 가부장제에 찌들어 있는 중독자라고 해도 과언이 아니다. 반면 1990년대생은 가부장제를 온몸으로 거부한다. 가부장제라고 하면 무작정 나쁜 것처럼 여겨지지만, "남자가 가족의 생계를 책임져야 한다"는 생각이 바로 가부장제적 사고이며, 남성 권력의 횡포는 바로 이런 사고에서 비롯된 것임을 유념할 필요가 있겠다.

한국여성정책연구원이 2018년 11월 실시한 설문조

사를 보면, "가족의 생계는 남자가 책임져야 한다"는 항목에 50대 남성의 70.8퍼센트가 동의했으나 20대 남성은 33.1퍼센트만 동의했다. "남자는 힘들어도 내색하지 말아야 한다"는 질문에 동의하는 20대 남성은 18.2퍼센트에 불과했다. 2019년 1월 『중앙일보』가 인터뷰한 20대 남성들의 목소리를 들어보자.

"20대 남성이 언제 가부장제 혜택을 보고 그런 제도를 답습하며 여성을 억압했나. 학교 안에서 우리는 그런 권력을 누린 적이 없다." "20대는 남녀 구분 없이 약자지만 우린 '남자니까' 기득권 취급을 받는다." "성차별적인 문화를 만들고 가부장제 문화에서 혜택을 본 세대는 40~50대 남성이다. 근데 40~50대 남성은 지금 페미니즘 정책을 펴면서 가해자가 아닌 것처럼 행동한다."[14]

박원익과 조윤호는 "20대는 제도적인 영역에서 성평등 가치가 공식화되고 남녀의 고정된 역할이 해체되는 과정 속에서 태어나고 성장했다. 이들에게 성평등은 어떤 세대보다 익숙하고 보편적인 가치이다. 한편 이들이 남녀 가릴 것 없이 무제한적인 입시와 취업 경쟁에 시달리기 시작한 세대라는 점을 눈여겨봐야 한다"며 다음과 같이 말한다.

"20대 남성들은 한국의 성별 임금 격차 문제가 나올 때마다 '그게 대체 나하고 무슨 관계냐'고 반문하게 된다. 다시 말해, 성별 임금 격차와 관련해서 여성에게 미안한 마음을 품어야 한다는 기성세대에 대해 '그것은 내가 만든 문제가 아니라 기성세대 당신들이 만든 문제인데 왜 그 책임을 나에게 돌리느냐'고 항변하는 것이다. 여기에도 '구조적 문제에 대한 책임을 개개인에게 묻는 것은 불공정하다'고 생각하는 20대의 가치관이 관통하고 있다.……대한민국은 변했고 변하고 있다. 그런데 변화는 보지도 않고 과거의 기준에 비추어 청년들에게 무언가를 양보하라고 요구하는 것은 결국 불안정한 미래에 시달리는 청년들 중 누가 더 약자이고, 누가 더 기득권인지를 논하며 편을 가르는 행위가 된다."[15]

1990년대생 남성의 반페미니즘 뿌리가 바로 여기에 있다. 그들은 "자신이 남자로 태어났다고 해서 과거 세대의 과오에 대해 연대 책임을 묻는 것은 불공정하다고 생각"하는데,[16] 페미니즘은 '남자 대 여자'라고 하는 전통적인 잣대를 들이대는 경향이 있다. 여기서 싹트기 시작한 반감이 갈등의 증폭 과정을 거치면서 '반페미니즘'으로까지 나아가게 된 건 아닐까?

중요한 건 1990년대생의 이런 공정 개념이 비단 페미니즘에만 국한된 게 아니라 정치와 사회 전 분야의 문제들에 대해서도 적용되고 있다는 점이다. 그래서 1990년대생이 '보수화'되었다고 보는 엉터리 진단도 난무한다. 그렇다면, 이건 '페미니즘-반페미니즘'의 문제가 아니라 혁명적으로 달라진 삶의 환경과 조건에서 나타난 새로운 가치관의 문제가 아닐까? 이 가치관에 동의하지 않더라도 그안에 내재된 새로운 진보성에 주목하면서 상호 접점을 만들어나가 보자는 것이다.

왜 협력할 수 있는 파트너를 적으로 만드는가?

이대남을 비판적으로만 볼 게 아니라, 페미니스트가 원하는 '결과의 평등'을 이대남이 원하는 '과정의 평등'과 조율

할 수 있는 길을 찾아보는 건 어떨까? 내가 문제의 칼럼에서 "비참하게 보이게 하려고 애를 쓰는 피해 서사" 운운하는 말을 한 건 비판받아 마땅하다. 그걸 몰라서 그렇게 말한 건 아니다. 그렇게 보는 이대남의 시각과 그 어떤 접점을 찾는 게 과연 불가능한가 하는 질문을 던지고 싶었다.

나임윤경은 "페미니스트들이 국제 지표를 거론하는 이유는 한국 정부가 국내 여성들의 구체적 경험과 진술엔 꿈쩍 않다가 '후지게도' 글로벌 순위에는 조금이나마 움찔하기 때문이다. 성 격차 지수 인용은 강 교수의 지적대로 여성들을 '비참하게' 보이려고 해서가 아니라, 남성을 앞지른 한국 여성의 높아진 교육 수준에 걸맞게 여성의 경제·정치 참여율을 끌어올리기 위해서다"라며 다음과 같이 말한다.

"성별 임금 격차 30% 등 분명한 현실 앞에서 구조적 성차별은 없다 하고, 곧 들어설 내각에 여성 장관이 20%도 안 되는 상황에 대해선 '장관급⋯⋯에는 여성이 별로 없지만, 차관급⋯⋯에는 여성 인재들이 굉장히 많다'는 발언을 그 누구도 아닌 대통령 당선자가 천연덕스레 해대는 이 후진적이고 절망스러운 상황이 성 격차 지수를 '약속이나 한 듯' 자꾸 소환하게 하는 것이다."

이 주장엔 일면 동의하지만, 일면 동의하지 않는 것은 세대 간 차이를 고려하지 않았다는 점이다. 성별 임금 격차와 고위직 여성 비율 문제에 2030세대는 아무런 책임이 없다. 2030세대의 강한 개인주의 정서를 잘 아실 게다. 그런데 페미니스트들은 이 문제만 나오면 집단주의적 접근으로 남성 전체의 연대 책임을 묻는다. 앞서 인용했던, "남성 역차별은 가부장제 역사의 죄, (너희가) 물려받아라"라는 법륜 스님의 말을 믿는 건가?

물론 나와 같은 60대 남성은 연대 책임을 지는 게 마땅하다고 생각하기 때문에 페미니스트들의 그런 접근법에 아무런 거부감이 없지만, 2030세대의 입장은 전혀 다르다. 제발 역지사지易地思之 좀 해보자. 그들이 다음과 같이 항변할 것이라는 점을 염두에 두고 이야기를 해보자는 것이다.

"기업 대표, 장관, 국회의원 등의 숫자에서 여자보다 남자가 많다고요? 그런데요? 그게 우리하고 무슨 상관이

죠? 우리는 이십대 여자와 비교를 해주세요. 왜 우리의 정체성을 뭉뚱그려 오륙십대 남자들과 같은 것처럼 말하는 거죠? 2021년 MBC 문화방송 기자 채용 남자 대 여자 성비를 확인해보세요. 2021년 교원 임용고시 남자 대 여자 성비를 확인해보세요. 2021년 판사 신규 임용 남자 대 여자 성비를 확인해보세요. 여기서 약자는 이십대 여자가 아니에요. 바로 이십대 남자죠."[17]

나임윤경이 말하는 '후진적이고 절망스러운 상황'은 전체 여성의 관점에서 본 이야기이지, 자신의 이야기는 아니다. 반면 2030세대는 자신들의 이야기를 하고 있다. 여기에서부터 소통이 어긋나기 시작한다. 나는 페미니스트들의 이런 '정체성 정치' 위주의 집단주의적 접근 방법이 2030세대의 반페미니즘 정서를 키웠다고 생각한다. 행정안전부가 2022년 6월 30일에 발표한 '지방자치단체 여성 공무원 인사 통계'에 대한 각기 다른 분석을 보자.

『한겨레』는 이 통계 내용을 「지방 공무원 절반 여성인데 5급 이상선 '남성의 3분의 1'」이라는 제목으로 보도했다.[18] 여성 비율이 5급 이상선 '남성의 3분의 1'이라는 사실에 여성들이 분노할 만하다. 그러나 2030 남성은 그런 분노에 짜증을 낼 수 있다는 걸 이해할 필요가 있다. 똑같은 보도자료를 받았을 텐데도 『한국경제』는 「지방직 7급 공채 합격자 중 53.2%가 여성…역대 최고」라는 제목으로 보도했다. 8·9급 공채 합격자 중 여성 비율은 60.4퍼센트였다.[19]

2030 남성이 주목하는 7·8·9급 공무원 채용에선 여성이 확실한 우위를 보이고 있지만 페미니스트들이 이런 통계를 거론하는 법은 거의 없다. 그들은 늘 고위직에만 관심을 보인다. 여성이 얼마나 비참한 처지에 놓여 있는지를 널리 알리기 위해서일 게다. 나임윤경은 그게 아니라 "남성을 앞지른 한국 여성의 높아진 교육 수준에 걸맞게 여성의 경제·정치 참여율을 끌어올리기 위해서"라고 했지만, 선후의 차이만 있을 뿐 내겐 같은 말로 들린다.

나는 평소 "정규직이 잘되어야 비정규직 노동자들도 잘된다"는 노동계의 '낙수 효과trickle-down effect'에 대해 강한 이의를 제기해왔다. 그런 톱다운 방식이 타당할 때도 있겠지만, 비정규직 배려를 빙자한 정규직 배 채우기로 전락

하는 걸 너무도 많이 보았기 때문이다. 나는 여성 장관이 많이 나오는 걸 환영하지만, 그간 한국에선 '상징의 타락'이라고 해도 좋을 정도로 여성 장관의 상징성이 오·남용되어왔다는 점에도 주목한다.

높이 올라갈수록 남성이 다 해먹는 주요 이유는 앞서 여러 차례 지적한 바 있는 '여성의 출산과 육아로 인한 경력 단절'이 아닌가? 바로 이 문제를 정면 타격해야 하는데, 이건 그간 제자리걸음이었다고 해도 과언이 아니다. 그 문제를 해결하지 못한 상황에서 대통령의 배려에 의해 여성 장관이 아무리 많이 나온다 한들 그게 무슨 큰 의미가 있단 말인가?

2030 남성은 '여성의 출산과 육아로 인한 경력 단절' 문제를 해결하는 데에 페미니스트들과 손을 맞잡고 협력할 뜻이 있다. 그들이 분노하는 지점은 역사와 구조의 책임을 자신들에게 물으면서 자신들만의 희생을 강요하고 있다는 것이다. 2030 남성이 왜 화를 내며 페미니즘에 반감을 보이는지 그걸 이해하는 게 그렇게 어려운 걸까? 왜 상호 협력할 수 있는 파트너를 적敵으로 만들기 위해 애쓰

는 페미니스트가 그리도 많은 걸까?

'맨스플레인'의 오·남용을 경계하자

나임윤경이 비판한 윤석열의 몰상식한 행태엔 전적으로 동의한다. 더 비판을 퍼부어 마땅하다. 내가 나임윤경에게 요청하고 싶은 건 그다음의 행보다. 왜 권력이 반페미니즘 행보를 거리낌 없이 내질러도 될 만큼 여론 환경이 페미니즘에 비우호적인가? 그리고 이에 대해 페미니스트들이 성찰해야 할 것은 없는가? 이런 물음에 대해 고민해보자는 것이다.

　페미니스트들은 문재인을 친親페미니즘, 윤석열을 반反페미니즘으로 보는 경향이 있지만, 이런 질문을 던져보는 건 어떨까? 두 사람 중 누가 더 페미니즘에 악영향을 미쳤는가? 윤석열? 그렇게 단순하게 볼 일이 아니다. 윤석열의 문제는 모두가 다 안다. 윤석열은 국제적으로도 반페미니즘 대통령으로 널리 알려져 나라 망신까지 시키는 불명

예의 주인공이 되었기에 앞으로 이준석의 반페미니즘 노선에 휘둘릴 가능성은 약해졌다.

반면 문재인은 진짜 '페미니즘 대통령'이나 된 것처럼 '페미니스트 코스프레'를 했지만, 이대남과 관련된 정책들에서 위선과 무책임으로 일관했다. 이에 대한 이대남의 강한 반감을 페미니즘이 고스란히 덮어썼다는 점에 주목할 필요가 있다. '피해 호소인' 사건이 시사하듯이, 나는 페미니즘을 정파성의 상위 개념으로 복원시키는 것이 가장 중요하다고 생각한다. 그럴 때에 비로소 진보·보수의 이분법을 넘어서 이대남을 제대로 이해하는 길이 열릴 것이기 때문이다.

나는 그간 지방과 호남에 대해 많은 글을 썼는데, 돌이켜보자면 지방과 호남을 비참하게 보이게 하려고 애를 썼던 것 같다. 지방과 호남을 폄하하는 사람들의 양심에 자극을 주고 싶어서였을 것이다. 그러나 그건 효과가 거의 없었던 것 같다. 아니 오히려 지방과 호남을 더욱 폄하하는 '사회적 증거'의 효과만 냈을지도 모르겠다. 나는 그런 깨달음을 페미니즘에도 적용할 수 있겠다고 생각했다. 페미니스트들에게 물어보자. 페미니즘의 진전이 기득권 남성의 양심에 자극을 준 덕분에 이루어졌다고 생각하시는가? '그렇다'고 답할 사람은 없으리라 믿는다.

페미니즘의 진전은 페미니스트들의 부단한 투쟁에 의해 가능했으며, 앞으로도 그럴 것이다. 그 투쟁은 당연히 여론 투쟁을 포함하는 것이어야 한다. 페미니즘의 편을 늘리고 반대편을 줄여나가야 한다. 반대편의 목소리에도 귀를 기울여 자신이 혹 독선과 오만에 빠져 있는 건 아닌지, 자신의 생각과 조금이라도 다른 목소리가 나오면 그걸 '백래시'로 몰아붙이는 일에만 집착했던 건 아닌지 성찰하고 또 성찰해야 한다.

지금 나는 또 몹쓸 맨스플레인을 저지르고 있는 건가? 그렇다면, 나는 그 말을 만든 미국 작가 리베카 솔닛을 탄핵하련다. 페미니즘의 진전에 전혀 도움이 되지 않는 싸움법만 유행시킨 죄로 말이다. 아니 그렇게 할 필요는 없을 것 같다. 솔닛이 맨스플레인이라는 단어를 만든 건 전혀 다른 이유에서 비롯된 것이기 때문이다. 솔닛은 "맨스플레인은 여성의 발언할 공간, 경청될 공간, 권리를 지닐 공간, 참여할 공간, 존중 받을 공간, 온전하고 자유로운 한 인간이 될 공간을 폐쇄한다"며 다음과 같이 말한다.

"아무리 사소한 대화에서도, 남자들은 자기가 이야기하는 내용을 알지만 여자들은 잘 모른다는 소리를 여자들이 자꾸만 듣게 되는 것은 세상의 추악함을 지속시키는 일이자 세상의 빛을 가리는 일이다. 맨스플레인은 길거리 성희롱과 마찬가지로 젊은 여자들에게 이 세상은 당신의 것이 아님을 넌지시 암시함으로써 여자들을 침묵으로 몰아넣는다."[20]

나는 여자들을 침묵으로 몰아넣는 사람이 아니다. 오히려 제발 말 좀 해보시라고 요청하고 있지 않은가? 페미니즘에 관한 메타페미니즘 담론에 대해 남자가 말하는 건 주제넘고 싸가지 없고 불경不敬한 짓인가? 메타페미니즘 담론은 여성의 독점권이 보장된 영역이니 페미니스트들이 하사하는 담론을 곧게 받아먹기만 하면 되는가? "왜 협력할 수 있는 파트너를 적敵으로 만드는가?"라는 질문조차 할 수 없단 말인가? '맨스플레인'의 오·남용을 경계하면서 오히려 남자들의 건설적인 제안을 유도하면 안 되는가?

내 글은 이런 생각에서 비롯된 것이었음을 너그럽게 이해
해주시기 바란다.

유튜브의 포로가 된
젠더 갈등

제5장

"우리 사회 젠더 갈등이 심각하다"

한국리서치가 2022년 2월에 실시한 설문조사에 따르면, '우리 사회 젠더 갈등이 심각하다'는 응답자 비율은 71퍼센트로, 1년 전 조사 때보다 8퍼센트포인트 상승한 것으로 나타났다. 연령대별로는 특히 20대(만 18~29세)의 90퍼센트가 심각하다고 답했는데, 이는 2021년보다 15퍼센트포인트 상승한 것이었다. 전망도 부정적이었다. 20대 여성의 62퍼센트는 향후 젠더 갈등이 지금보다 심해질 것으로 전망했으며, 20대 남성도 43퍼센트가 심각해질 것이라고 답

했다.[1]

『조선일보』와 서울대학교 사회발전연구소가 대선(3월 9일) 직후 공동으로 진행한 '2022 대한민국 젠더 의식 조사'에서도, 전체 응답자의 66.6퍼센트가 '한국 사회 남녀 갈등이 심각하다'고 응답했다. 20대가 79.8퍼센트로 가장 높았고, 20대에서도 여성이 82.5퍼센트로 가장 크게 동의했다. 이와 관련, 프랑스 공영 RFI 라디오 특파원 니콜라스 로카는 "한국에선 중·장년층보다 젊은 세대의 젠더 갈등이 훨씬 심각하다는 사실이 유럽 독자들에겐 놀라운mind-blowing 현상"이라고 했다.[2]

도대체 왜 이런 일이 벌어지게 된 걸까? '2022 대한민국 젠더 의식 조사'에서 국민들은 남녀 갈등이 주로 나타나는 공간으로 직장(49.4퍼센트)에 이어 온라인 커뮤니티와 소셜미디어(37.8퍼센트)를 꼽았다. 온라인 이용률이 높은 10~30대는 60퍼센트 이상이 온라인 커뮤니티를 첫손에 꼽았다. '온라인 커뮤니티가 남녀 갈등을 증폭시킨다'는 데에는 국민 10명 중 7명(68.9퍼센트)이 동의했다.[3]

앞서 거론한 한국리서치 조사에서 최근 1년 새 성차

별적 콘텐츠를 접한 적이 있는지 묻는 항목에 42퍼센트가 있다고 답했다. 어떤 매체에서 해당 콘텐츠를 접했는지 묻자 '인터넷 기사와 댓글'(62퍼센트), '유튜브, 아프리카 TV, 틱톡 등 동영상 콘텐츠'(60퍼센트), '카카오톡, 인스타그램, 페이스북 등 SNS'(51퍼센트) 순으로 나타났다.[4]

젠더 갈등을 폭발시킨 유튜브

온라인 커뮤니티와 소셜미디어는 남녀 갈등의 주 전장戰場이 되었지만, 전장에 나서기 위해 갖춰야 할 무기를 제공하고 훈련이 많이 이루어지는 곳은 유튜브다. 『캐스팅 보트: MZ세대는 어떻게 정치를 움직이는가』(2022)의 저자인 이동수는 한국에서 젠더 갈등이 폭발한 2018년은 한국인들의 유튜브 이용과 진출이 본격적으로 급증하기 시작한 해라는 점에 주목한다. 유튜브를 활용한 폭로와 이슈몰이가 붐을 이룬 가운데 "본래 상당한 인화성을 내재한 젠더 갈등은 폭발적으로 늘어난 사이버 렉카라는 불씨를 만나 거

대한 불길처럼 타올랐다"는 것이다.[5]

사이버 렉카(레커)는 교통사고가 발생하면 현장으로 쏜살같이 달려가 차를 견인해가는 렉카(견인차)처럼, 사건·사고가 생길 때마다 득달같이 달려들어 그 이슈에 편승하는 유튜버를 말한다. 이동수는 "사이버 렉카들이 주로 다루는 내용은 젠더 갈등, 갑질, 인성 논란 등 사람들의 분노를 불러일으키기에 좋은 소재들인 경우가 많다"며, "우리 사회가 지금처럼 공론장을 마련하는 일에 계속 눈감는다면, 사이버 렉카들은 앞으로도 그 분노를 연료로 삼아 온라인 세상에서의 거친 질주를 멈추지 않을 것이다"고 경고한다.[6]

2021년 유명 사이버 렉카들은 라이브 방송 한 번마다 500~1,000만 원 수익을 올렸으며, 구독자가 100만에 육박하는 사이버 렉카도 있었다. 연예인 관련 논란, 각종 폭로와 의혹, 안티 페미니즘이 이들의 주요 먹잇감이며, 소재가 떨어지면 서로를 저격하면서 조회수를 올리기도 했다.[7] 물론 이런 일엔 유튜브도 공범이었다. 손희정은 「타인의 비극을 에너지로 삼는 사이버 렉카 시대」라는 글에서 사이버 렉카 시장은 "여성 혐오가 돈이 되는 안티 페미니즘 시장"이라며 BJ 잼미의 비극도 그런 관점에서 보았다.

유튜브도 공범이다

BJ 잼미의 비극의 시작은 2021년 도쿄올림픽 때 펼쳐졌던 안산 선수에 대한 공격과 비슷했는데, 그가 소위 '극단적인 페미니스트 커뮤니티'에서 사용하는 용어를 사용했다는 것이었다. 손희정은 "에펨코리아와 디시인사이드를 중심으로 BJ 잼미에 대한 공격이 시작됐고 120만 구독자를 '거느리고' 있는 뻑 가는 남초 커뮤니티의 공격을 적극적으로 끌어와서 '페미 의혹'을 확대재생산했다"며 다음과 같이 말했다.

"그는 BJ 잼미의 죽음 이후 삭제된 저격 영상에서 '저도 많은 커뮤니티를 돌아다녀서 아는데 (BJ 잼미가 한 말들은) 전형적인 저쪽 사람들이 쓰는 단어예요.……이런 단어들을 입에 달고 있다고? 아유, 그런 일반인이 어딨어'라고 했다. '저쪽 사람들'이라는 표현에서 확인할 수 있다시 피, 피아를 구분해 좌표를 찍는 방식은 온라인 집단 괴롭힘의 전형적인 수단인데, 이렇듯 덮어놓고 페미니스트라고 낙인만 찍으면 얼마든지 '자살시킬 수 있다'는 태도가, 은유가 아니라 실제로 사람을 죽인다. 그러나 유튜브는 이렇게 '사람을 죽이는 콘텐츠'를 적극적으로 제재하지 않는다. 신고가 들어가도 제대로 대응하지 않는 것이다. 이것이 '#유튜브도_공범이다' 해시태그가 등장한 이유다."[8]

심지어 전통적인 언론사마저 유튜브에 뛰어드는 순간 언론 윤리에서 멀어지는 경향을 보인다. 기존 언론사들은 '디지털 퍼스트'를 외치지만, 생존 차원에서 그러는 것일 뿐 디지털 공간을 좀 낮춰보는 경향이 있다. 어쩔 수 없어 따라가긴 하지만, 온라인은 오프라인에 비해 수준이 떨어질 수밖에 없는 곳이라는 인식이 팽배해 있다는 것이다.

2년 전 '디지털 퍼스트'를 외친 국내 언론사들이 유튜브 콘텐츠 인력 채용 공고를 냈는데, 32곳 중 31곳이 비정규직 인력을 찾았다고 한다.[9] 왜 그랬을까? 성과에 따라 정규직 전환을 검토하겠다니, 왜 다른 정규직 직원들에겐

하지 않았던 걸 생사의 문제가 달렸다는 '디지털 퍼스트' 엔 적용할 생각을 했던 걸까? 남들이 다 외쳐대니 따라서 한 것일 뿐, '디지털 퍼스트'의 개념조차 이해하지 못했던 건 아닐까?

'예비군복 효과'라는 게 있다. "멀쩡한 사람도 예비군 복만 입으면 모두 개가 된다"는 속설을 가리켜 나온 말이 다.[10] 심리학자 전우영은 그 이유를 "예비군복을 입어서 발생하는 익명성이 자기 통제 동기를 떨어뜨리기 때문에 발생한다"고 설명한다.[11] 그런데 언론인들을 포함한 대부분의 사람들이 유튜브를 예비군복처럼 생각하는 경향이 있다. 이 경우엔 익명성이라기보다는 "누구나 다 거칠게 하는 유튜브인데, 뭘 어때?"라는 심리 때문일 게다.

김수아가 2021년 『여성문학연구』에 발표한 「'이대 남'과 반페미니즘 담론: '메갈 손가락 기호' 논란을 중심으로」라는 논문에 따르면, MBC의 뉴미디어 브랜드 엠빅뉴스의 유튜브 영상 제목은 "GS25 이벤트 포스터에 남성 혐오 코드 숨어 있다? 설마요…?"였다. 반면 동일한 아이템의 MBC 홈페이지 내 게시 제목은 "GS25 포스터 속 남성 혐오 이미지 논란… '억지 주장' vs '남혐'"으로 형식적인 객관주의를 따랐다. 이에 대해 김수아는 "기성 언론의 뉴미디어 브랜드 보도가 주목성을 얻기 위한 제목으로 변경하는 과정에서 '남혐'이 전제되는 방식으로 유통되며 이것이 유튜브 수용자의 인식에 호응하는 것으로 여겨지는 것이다"고 말한다.[12]

젠더 갈등을 악화시키는 정치적 이해관계

비단 사이버 렉카들만 그런 건 아니다. 유튜브는 공론장으로서 양지와 음지의 성격을 동시에 갖고 있지만, 돈벌이에 치우친 유튜브일수록 음지의 성격이 두드러지기 마련이다. 여기에 그 어떤 정치적 당파성까지 가세하면 최악의 결과를 낳기 십상이다. 그 대표적인 예가 2018년 2월 유튜브에서 제기된 '미투 음모론'이었다.

당시 일일이 열거하기 힘들 정도로 여러 분야에서 성범죄 미투 폭로가 계속 쏟아져 나오고 있었는데, 김어준은

'김어준의 다스뵈이다'라는 유튜브 방송에서 그걸 정치적 공작의 일환으로 보는 충격적인 발언을 해 논란이 되었다. 논란은 장사가 되는 법이다. 그의 발언은 인터넷 커뮤니티, SNS 등을 통해 널리 퍼지면서 비판의 대상이 되었지만, 김어준이 환영한 건 논란의 파급효과였을 게다.

여성학자 권김현영은 "김어준 왈, 공작의 눈으로 보자면 미투 운동의 댓글 흐름은 앞으로 좌파 분열의 책동으로 이어질 거라는데, 내 생각에 저들은 이미 권력에 대항하는 자신들의 모습에 취해 판단력을 잃었다"고 비판했다. 방송인 김형민은 "미투는 수십 년간 우리 주변에 태산처럼 쌓아올려진 비인간적이고 비민주적인, 폭력적이고 억압적이었던 문화적 적폐의 마그마가 끓어오른 끝에 터져 나온 분화"라며, "그런데 김어준은 여기에 '공작적 사고'라는 편리한 표현을 빌려 앞으로 '문재인 정부를 타깃'으로 하는 '미투'를 예언(?)하면서 '미투'를 정치적 이해관계의 틀에 가둬버렸다"고 비판했다.[13]

바로 이런 정치적 이해관계가 젠더 갈등을 악화시키는 주범 중의 하나다. 2022년 대선 막바지에 이르러 누구를 지지하느냐에 따라 소위 '1번남'과 '2번남'을 비교하며 '2번남'을 비하하는 프레임이 여초 커뮤니티에 등장했다. 이재명 지지를 표명한 전 열린민주당 의원 손혜원은 그런 프레임에 부응해서 "2번남인 당신……여자들이 당신을 싫어한다고 생각하세요? 만약 당신이 이번 선거에서 1번을 선택한다면 많은 여자가 당신을 좋아하게 될 거예요"라는 내용의 영상물을 유튜브에 올렸다가 "갈라치기 작작해라", "남녀 모두에게 모욕이다"라는 비난을 받아 영상을 삭제하기도 했다.[14]

"유튜브의 영향력은 생각보다 강력했다"

반페미니즘 진영은 기존 미디어들이 페미니즘의 영향권하에 있다는 이유로 유튜브를 선호한다. 반페미니즘 조직인 신남성연대를 창설한 '왕자'는 한 유튜브 영상에서 "우리는 (여초 커뮤니티의) 여론 조작을 막고자 모인 순수한 청년들이다. 뉴스가 그들에게 먹혔기 때문에 우리가 들고 일어난 것"이라며, "이 화력 전쟁에서 밀리면 페미니스트들의 여론이 대한민국 국민의 여론으로 호도되고, 정치인들도 페미니스트들에게 유리한 정책이나 법안을 발의하게 된다"고 말했다.[15]

변호사 김재련은 중 2 세쌍둥이 아들들의 페미니즘에 대한 반감이 어디서 비롯된 것인지 알고 싶어 이야기를 나누었다고 한다. 아들은 "엄마, 솔직히 여자는 경찰로 뽑으면 안 되는 거 아니야? 힘도 약하고 범인도 못 잡는데 여자 경찰 숫자를 계속 늘리는 건 뭔가 잘못된 거 같아"라고 말했다. 김재련은 "남자만큼 힘이 쎈 여자도 있어. 그리고 경찰이 힘쓰는 일만 하는 것도 아니고. 여자 경찰도 범죄자 많이 잡아서 상 받잖아"라는 식의 이야기를 덧붙여보았지만 소용이 없었다.

김재련은 "아들들의 머릿속엔 이미 여경 무용론이 들어 있는 것 같았다"며, "유튜브의 영향력이 생각보다 강력했다"고 했다. 아들들은 엄마 말에 설득당하기는커녕 유튜브에서 보고 배운 대로 더욱 강도 높은 질문 공세를 폈다고 한다. "페미만 도와주는 여성가족부는 없애는 게 맞지 않아? 혹시 엄마도 페미라서 전에 여성가족부 공무원 했던 거야?"[16]

유튜브에서 '여성 혐오'를 통해 직접적으로 돈을 버는 구조가 생긴 것에 대한 우려는 오래전부터 제기되었지만,[17] 정치권과 사회는 팔짱 낀 채 구경만 해온 게 현실이다. 그사이 학교에서는 어떤 일이 벌어지고 있었는가? 경남의 한 남자 중학교에서는 한 남학생이 교사들에게 돌아가며 "소설 『82년생 김지영』을 읽었느냐"고 묻는 일이 벌어졌다. 이 학생은 "페미 책을 읽은 교사에게는 배울 것이 없다"면서 책을 읽었다고 답한 교사들이 진행하는 수업 시간엔 잠만 잤다고 한다. 이 학교 교사 A씨는 "요즘 학생 상당수는 극단적 유튜버들의 주장을 그대로 받아들여 상대 성별을 '적敵'으로 규정한다. 해당 남학생도 그런 경우였다"고 했다.[18]

소셜미디어가 보편화되면서 교사들이 종종 '외부 공격'에 시달리는 일도 벌어졌다. 모 출판사의 사회문화 교과서를 공동 집필한 고등학교 교사 B는 구독자 수십만 명을 거느린 남성 유튜버에게 공격당했다. 유튜버가 교과서에

수록된 '성 불평등' 단원을 문제 삼아 페미들이 만든 쓰레기 같은 교과서라고 비난하자 욕설 등 댓글 5,000여 개가 순식간에 달렸다. 교사 B는 "교과서는 교육부 지침대로 만들기 때문에 출판사별 내용의 차이가 크지 않은데도 문장 하나 하나를 트집 잡아 조롱하더라"면서 "책에 집필진 이름과 소속 학교까지 공개돼 있어 공포감마저 들었다"고 했다.[19]

젠더 교육을 유튜브에 떠넘긴 사회

과연 젠더 갈등이 유튜브 때문에 폭발한 것인지에 대해선 좀더 많은 연구와 논의가 필요하겠지만, 사실상 언론 역할을 하는 유튜브를 언론으로 간주하지 않은 채 방치해온 정치권과 사회의 직무유기에 가까운 무책임은 비판을 받아 마땅하다.

　2021년 7월 정보통신정책연구원KISDI이 공개한 조사 결과에 따르면, 최근 일주일 유튜브를 이용했다고 답한 초·중·고등학생 응답자는 85.2퍼센트에 달했다.[20] 사실상 젠더 교육을 유튜브에 떠넘긴 셈이니, 날이 갈수록 젠더 갈등이 심해진 건 당연한 일이었다고 보아야 하지 않을까?

그런데 젠더 교육만 그런 게 아니다. 정치 교육도 다를 게 없다. 서울대학교 정치외교학부 교수 박원호가 「고등학생 K군의 첫 선거」라는 칼럼에서 소개한 고등학교 3학년인 K군의 사례를 보자. K군은 올해 만 18세로 2022년 대선과 지방선거에서 처음으로 투표를 할 기회를 얻은 '신입 유권자'다. 전국적으로 53만여 명에 이르는 만 18세 유권자를 위한 정치 교육이라거나 궁금한 걸 논의할 수 있는 공론장은 준비되어 있는가? 없다! 박원호는 "K군이 선거 관련 이야기를 주로 나누는 곳은 유튜브 댓글난이다"며 다음과 같이 개탄한다.

"부모님과 정치 이야기를 한다는 것은 '공부나 하라'는 핀잔을 듣기 십상일 터이니 섣불리 시도할 생각도 하지 못했고, 학교에서 선생님이나 친구들과 선거 이야기를 하는 것은 언감생심 꿈도 꾸지 못할 일이었다.……K군이 가장 답답해했던 것은 제대로 된 선거나 정치 이야기를 할 수 있는 유일한 곳이 온라인 게시판이나 SNS, 유튜브의 제한

된 공간이라는 점이었다. 굳이 말하자면, 우리는 우리의 정치적 미래의 성장을 유튜브 알고리즘에게 '외주'한 셈이다."[21]

작가 남인숙은 「팬데믹이 낳은 괴물 '남혐' '여혐', 만남으로 풀자」는 『시사저널』 칼럼에서 "젠더 갈등 문제는 몇 년 전만 해도 공히 '온라인 전쟁'이라고 해도 틀린 표현이 아니었다. 온라인상에서 담론이 오가다가 서로 다른 입장의 반응이 과격해지고 자기 입장에서의 상식만을 정의라고 고집하다가도 진짜 세상에 나가면 달라지곤 했다"며 다음과 같이 말한다.

"비대면이 일상화되면서 온라인에서 더 강화된 상대 성별 집단에 대한 범주화는 현실 세계에서 개인으로서 중화될 기회를 잃었다. 거대한 개념 덩어리로서의 남자, 혹은 여자는 상대 성별을 착취하려고 하는 증오와 혐오의 대상일 뿐이다. 수많은 인격 요소로 구성된 다면적인 인간 존재가 이렇게 평면적으로 인식될수록 대응은 과격해지고 죄책감은 사라진다."

이어 남인숙은 "일전에 필자는 성별 간 혐오 문제를

거론하면서 점점 여성들이 싫어지고 어떻게 대해야 할지 모르겠다는 20대 남성의 고민을 들은 적이 있다"며 이렇게 말했다.

"그때 되물어보니 실제로 여성들과 만나 대화하는 일이 별로 없는 경우였다. 그에게 온라인에서 상대 성별을 성토하지만 말고 일상에서 자연스럽게 만나는 기회를 늘리면 저절로 해결될 문제라고 조언했던 기억이 난다.……관념화된 집단이 아니라 살아 숨 쉬는 인간으로 만나는 상대는 좀더 이해하고 싶은 기분이 든다. 우리는 서로가 괴물이 아님을 확인해야 할 필요가 있다."[22]

맞다. 우리는 '관념화된 집단'으로서 정체성 정치를 추구함으로써 사실상 집단 간 증오를 부추기는 결과를 낳고 있는 기존의 소통 방식을 의심해보아야 한다. 우리는 '관념화된 집단' 이전에 개인 대 개인으로 만나야 한다. 어떻게? 시민단체를 포함해 공익을 위해 일하는 단체나 기관들이 바로 그런 프로그램을 제공해야 한다.

사실 생각해보자면, 우리 모두 놀라운 강심장이다. 우리의 정치적 미래의 성장과 더불어 정의롭고 평등한 젠더 관계를 형성할 수 있는 초기의 소중한 기회를 유튜브 알고리즘에게 '외주'해 놓고서도 아무런 문제의식 없이 살아가고 있으니 말이다. 그러다가 젠더 갈등이 심해지면, 그렇게 심해지도록 방치하고 장려했던 건 까맣게 잊고 겨우 그 갈등을 이용하려는 정치인들에 대한 맹비난으로 면죄부를 얻으려고 하니 이 얼마나 위선적이고 한심한 작태인가?

그런 관점에서 보자면 유튜브 문제는 '증상'일 뿐 '원인'은 아니다. 유튜브의 양지를 키우고 음지를 억제하는 일을 언제까지 오직 시장 기능에만 맡겨둘 것인가? 갈등을 빚는 양쪽 모두 그 문제를 외면한 채 소통과 대화의 의지는 없이 상대에 대한 비판만 하면서 달라지기를 바라고 있는바, 이마저 유튜브가 강요한 건 아니잖은가?

왜 '개딸'들은
페미니즘을 외면할까?

제6장

"세계사적인 의미가 있는 새로운 정치 행태"?

매일 뉴스를 조금이라도 보는 사람이라면 이제 '개딸'을 모르는 사람은 없을 것 같다. 개딸은 전 민주당 대선 후보 이재명을 지지하는 젊은 여성들의 팬덤으로 알려져 있지만, 그간 활동한 다른 정치 팬덤들과는 좀 다른 면이 있어 그 정체를 놓고 의견이 분분하다.

이재명은 지방선거 기간 중인 5월 14일 팬 카페 '재명이네 마을' 서포터즈와의 미팅에서 '개딸 현상'에 대해 "세계사적인 의미가 있는 새로운 정치 행태"라고 주장했다.[1] 이에 진중권은 "왜 민주당이 저렇게 됐나"라며, "팬덤 정치로 망했는데 거기에서 세계사적 의미까지 부여해가며 팬덤 정치를 계속한다는 것엔 제가 보기에 대단히 해괴한 일"이라고 했다.[2]

사실 이재명도 지지자들 앞인지라 '오버'했을 뿐 개딸에 대해 그 어떤 확신을 갖고 있는 것 같진 않다. 「개딸도 모르는 개딸…이재명 측 일각 "도움 되지만 불안"」이라는 『중앙일보』 기사에 따르면, 3월 초 개딸이 되었다는 여성 A(31)는 "활동하는 커뮤니티도 여러 군데로 분산돼 있다"며 "우리도 개딸의 범주가 정확히 어디까지인지 모르겠다"고 했다.

이 기사는 이재명 측도 다소 긴장하는 분위기라며, 이재명 대선 캠프에서 일했던 한 인사의 말을 소개했다. 그는 "대선 전후로 2030 여성이 대거 지지를 선언해 도움이 된 건 사실"이라면서도 "개딸이 이후 여러 커뮤니티를 잡아먹으면서 이 의원 지지를 주도하는 듯한 모습이 나타나고 있다. 주객이 전도될까 불안해지는 게 사실"이라고 털어놨다.[3]

팬덤 현상에 대해 깊은 관심이 있는 사람으로서 내가 가장 궁금하게 생각하는 건 개딸들이 페미니즘을 외면하는 이유다. 물론 개딸을 페미니즘 현상으로 보는 시각이 없는 건 아니다. 예컨대, 맛 칼럼니스트 황교익은 "개딸을 단지 이재명 팬덤이라고 규정하는 것은 바르지 않다"며 다음과 같이 주장한다.

"개딸의 정신세계를 이루는 중심축은 페미니즘이다. 한국 사회에서 문제를 일으키고 있는 극단적이고 배타적인 페미니즘은 아니다. 시위 중에 하는 행동과 구호를 보면 그들은 관용과 박애의 페미니스트다. 이들 페미니스트가 지난 대선에서 문득 정치적 각성을 하게 되는데, 그 자극체가 이재명이었다. 개딸이 이재명 팬덤처럼 보이는 이유다."[4]

박지현의 사퇴를 요구하고 나선 개딸들

사실 개딸의 탄생 과정은 페미니즘과 분리해 생각할 수 없을 정도로 페미니즘과 밀접한 관련이 있기는 하다. 『한겨레』 기사에 따르면, 2030 여성들은 민주당 고위 인사들의 성 비위 문제 등으로 민주당에 한동안 등을 돌린 듯했지만, 대선 당시 국민의힘 후보 윤석열과 대표 이준석이 노골적으로 '이대남' 표심을 공략하며, '여성가족부 폐지' 등의 공약을 내걸고 성별 갈라치기에 나서자, '울며 겨자 먹기' 식으로 이재명에게 눈을 돌리기 시작했다.[5] 개딸들 중엔 "처음에는 이준석을 막기 위해 이재명을 찍기로 했으나 이제는 이재명 자체에 '입덕(팬이 됨)'해버렸다"고 말하는 이가 많았다.[6]

그러다 '텔레그램 n번방'을 추적해온 '불꽃'의 활동가 출신 박지현이 민주당 선거대책위원회에 합류하면서, 이재명 지지 움직임이 본격적으로 가시화되었다. 민주당 관계자는 "대선 마지막까지 2030세대 여성들을 설득하려 해도 잘 안 됐는데 박지현 씨가 합류하면서 분위기가 달라졌다"고 했다.[7] 박지현은 개딸들 사이에서 '불꽃대장'으로 불리며 영웅처럼 여겨졌다. 아니 많은 사람이 그렇게 여겨지는 것으로 믿었으며, 나 역시 그런 사람 중 하나였다.

그래서 박지현이 민주당 공동비상대책위원장 자격으

로 민주당 의원 최강욱의 성 비위 의혹에 대해 조사를 명하고 공개 사과에 나섰을 때 개딸들이 박지현을 즉시 비토하는 걸 보고서 나는 깜짝 놀랐다.[8] 5월 20일 개딸 수십 명이 여의도 민주당사 앞을 찾아 "박 위원장은 '내부 총질'로 지방선거를 위태롭게 만들고 있다"며 사퇴를 요구하는 어이없는 일마저 벌어졌다. 이날 박지현은 MBC 라디오 인터뷰에서 '돌아선 개딸'들에 대해 "그들이 정말 개딸분들인지 궁금하다"고 말했는데, 나 역시 같은 생각이었다.[9] 여성에게 유리한 것만 취사선택하는 페미니즘을 조롱하는 의미로 '뷔페미니즘(뷔페와 페미니즘을 합친 말)'이란 말도 나왔다지만,[10] 개딸은 그렇게 보기도 어려우니 참으로 희한한 일이다.

'개딸'이 아니라 '개주머니'라는 의혹

사실 '개딸'의 정체에 대해선 그간 논란이 분분했다. 진중권은 6월 1일 SBS TV에 출연한 자리에서 "'개딸'이라는 게 2030 여성이 아니다"며, "그 사람들 올리는 글들을 보게 되면 4050 아주머니"라고 단언했다. '개딸(개혁의 딸)'이 아니라 '개주머니(개혁의 아주머니)'라는 것이다. 그는 '2030 냇물이 민주의 강물과 개혁의 바다로', '앞서서 나가 싸우신 선배들의 길을 이제 우리가 뒤따라 함께 가겠다', '2030 개딸 낳아들이 4050 선배들을 존경할 수밖에 없는 이유' 등을 가리켜 전형적인 4050세대 문법이라고 분석했다.

실제 현장에서 목격한 '개딸'들도 2030세대 여성이 아닌 4050세대 여성, 즉 '개주머니'라는 증언도 잇따랐다. 한 민주당 의원은 "'개딸'이라며 심한 내용의 문자를 했기에 전화해보니 아이 어머니더라"고 전했다. 박지현도 앞서 언급한 MBC 라디오 인터뷰에서 "내가 많은 지역을 다니면서 40~50대 분들의 비난은 많이 들었지만, 그런 분들 중에 2030 여성은 단 한 분도 계시지 않았다"고 밝혔다. 실제로 박지현이 5월 23일 노무현 전 대통령의 기일을 맞이해 김해 봉하마을을 찾은 자리에서 욕설을 듣는 봉변을 겪었을 때, 욕설을 한 사람은 50대 여성이었다.[11]

4050 여성들이 2030 여성인 척하는 이유는 간단하다. 이미지와 정치적 파급력에서 큰 차이가 있기 때문이다. 정도원에 따르면, 4050세대 여성들이 2022년 인천 계양을 보궐선거 당시 골목길을 단체로 몰려다니며 음식점 등에 들어가 "이재명이 왔다"고 소란을 피우고, 이재명을 집단적으로 "아버지", "파파"라고 부르는 모습을 연출한 것은 유권자들에게 긍정적인 효과는커녕 '해괴한 모습'으로 각인되어 거부감을 불러일으켰다. 한 정치권 인사는 "6070세대 어르신들이 아무리 매 주마다 태극기를 들고 쏟아져 나와도 정치적 파급력이 전혀 없지 않으냐"며, "유독 청년 세대의 움직임이 머릿수와 무관하게 정치적 파급력을 갖는 것은 그것이 청년이기 때문"이라고 분석했다.[12]

아이돌 팬덤의 문법이 정치 팬덤에 이식된 현상

개딸의 정확한 정체는 개딸들도 모르니, 개딸엔 4050 여성과 2030 여성이 섞여 있다고 보도록 하자. 박지현의 n번방 추적 활동을 매우 높게 평가해온 나로서는 2030 개딸의 박지현 사퇴 요구를 도무지 이해할 수 없었다. 그러다가 3명의 깨딸 활동가를 인터뷰한 『중앙일보』 기사를 보고서야 개딸의 정체에 대해 조금 더 이해할 수 있게 되었다. 개딸들의 성향은 다양하기에 한마디로 말할 수는 없지만, "개딸은 페미니스트로 인식되는 측면도 있는데"라는 질문에 26세 대학생 개딸이 다음과 같이 답한 게 놀라웠다.

"연관이 없다. 현재 페미니즘에 대한 인식은 자신이 불리할 때 성추행당했다고 미투 운동하는 사람을 페미니스트로 간주하는 것 같다. 민주당은 페미니즘 정당이라는 이미지를 벗어야만 다음 선거에서 승리할 수 있다."[13]

승리를 위해서라면 n번방 추적의 영웅도 얼마든지 내버릴 수 있다는 생각이 무섭다. 자신의 생각이 승리에 도움이 되는지 안 되는지 어떻게 장담할 수 있단 말인가? 페미니즘 정당이라는 이미지를 벗어야 한다는 말은 개딸이 비판하는 이준석의 주장과 얼마나 다른가? 이는 페미니즘과는 거리가 멀어도 너무 먼 발상이 아닌가?

이런 발상이 목적을 위해서라면 수단이 거칠고 다소

폭력적이어도 괜찮다고 여기게끔 만들 게 아닌가? 민주당의 한 친문계 의원은 개딸에 대해 "의원 총회 등에서 일부 의원들이 온건론을 제기하면, 처럼회가 강성 지지층을 상대로 이들의 실명을 중계하는 식"이라며, "한 번 좌표가 찍혀 문자·전화·팩스 테러에 시달리고 나면 이들의 눈치를 살피게 된다"고 말했다.[14] 우리는 그렇게 하는 걸 잘하는 일이라고 박수를 쳐야 한단 말인가?

작가 임명묵은 개딸 현상을 아이돌 팬덤의 문법이 정치 팬덤에 전면 이식된 것으로 보았는데,[15] 이 진단이 의미심장하다. 아이돌 팬덤의 주요 행동 강령은 '절대적 비타협주의'이기 때문이다. 오직 오빠를 위하는 일에 타협을 해야 할 게 무엇이 있겠는가? 개딸은 오직 이재명을 지켜야한다는 이유로 검찰 개혁을 외쳤다. 검찰 개혁의 여러 방법론 가운데 '절대적 비타협주의'를 내세우는 민주당 강경파 초선 의원 모임인 처럼회와 그 리더인 최강욱을 위해서라면 페미니즘에 등을 돌리고 그 영웅인 박지현을 내쫓아야 한다는 게 개딸의 생각이었던 것 같다.[16]

개딸은 '절대적 비타협주의'를 내세우는 아이돌 팬덤

중에서도 실적과 자기 효능감에 집착하는 유형의 팬덤이 아닌가 싶다. 대표적인 여초 커뮤니티 중 하나인 '여성시대' 카페엔 지난 3월 "남자 아이돌 덕질보다 이재명 덕질이 재밌다. (아이돌) 소속사가 잘못할 땐 팩스 총공세를 벌여도 말을 듣지 않지만, 일주일 만에 10만 명 당원 가입하고 문자 총공세 하니 민주당이 벌벌 떤다. 소속사보다 다루기 쉽다"는 글이 올라온 적이 있다.[17] 바로 이 글이 개딸의 '눈부신 활약'의 비결을 설명해줄 수 있을 게다.

개딸들의 그런 정치적 활동에 대해 논평할 생각은 없지만, 박지현의 n번방 추적 활동은 감사와 존경을 보내 마땅한 일이었다는 점은 강조하고 싶다. 어떤 정치적 주장이나 노선을 절대 진리로 간주해선 안 되며, 다른 의견을 존중하면서 토론할 수 있는 열린 자세를 가져야 한다. 정녕 그런 마음이 조금이라도 있었다면, 박지현에게 보내야 할 감사와 존경을 폄하와 모욕으로 대체하는 일은 일어나지 않았을 것이다.

앞서도 밝혔듯이, 나는 한국의 대표적인 여성운동가였던 민주당 여성 의원들이 '박원순 사건'이 일어났을 때 '피해 호소인' 운운하면서 박원순 옹호에 나서는 걸 보고서 큰 충격을 받았다. 정도는 덜했을망정 '윤미향 사건'이 일어났을 때에도 비슷한 충격을 받았다. 이 충격은 페미니즘이 정치적 당파성의 하위 개념일지도 모른다는 생각으로 이어졌고, 이 생각은 개딸들이 오직 이재명을 위해 페미니즘을 외면하는 걸 보고선 더욱 굳어졌다.

'페미니즘 진영'이란 표현이 적합한지는 모르겠지만, 나는 그 진영 내에서 내부 비판이나 이의 제기가 받아들여지지 않는 걸 보고 놀란 게 한두 번이 아니다. 그곳에도 정치 팬덤의 '절대적 비타협주의'가 살아 있다는 느낌을 강하게 받았다. 그럴 때마다 내가 갖는 의문은 이런 것이었다. "저분들은 정말 모든 여성을 위해 싸우는 걸까, 아니면 자기 자신을 위해 싸우는 걸까?" 물론 자기 자신을 더 소중하게 여긴다고 해서 결코 흉볼 일은 아니다. 다만 '절대적 비타협주의'가 사라지긴 어렵겠다는 생각으로 좀 우울해지긴 하지만 말이다.

'피해 호소인' 사건을 달리 설명하는 시각도 있다. 나는 페미니즘이 정치적 당파성의 하위 개념이 되었다는 가설을 제시했지만, 그게 아니라 당파성은 페미니즘의 한 전략일 수 있다는 시각이다. 어느 민주당 내부 인사는 "페미니즘은 네트워크이고, 일자리고, 따라서 권력이다. 같은 학교라고 잘 대해주고, 동네 후배라고 챙겨주던 남성 중심 '의리' 문화에 맞서 여성주의가 정치권력을 장악할 수 있는 대안적인 시스템을 발명했다고 볼 수 있다"며 다음과 같이 말한다.

"페미니즘이라는 이념을 공유하는 시민단체·여성단체 소속의 정치 꿈나무들이 비례대표 국회의원 자리를 중심으로 민주당에 주기적으로 수혈된다. 이들이 모여 고위직 할당제, 페미니즘 이념 교육을 강화하는 법안을 발의한다. 관련 예산이 늘어나고, 그에 따라 페미니스트들의 일자리도 늘어난다. 서로 밀어주고, 끌어주고, 당겨주는 구조다. 민주당 정치 사관학교를 통해 유입된 정치인들이 법을 만들어 예산을 결정하고, 그 혜택을 받는 수많은 페미니스트 학자와 연구자들이 친페미니즘 논리를 만들어 언론 등을 통해 유포하고, 그런 여성들의 목소리를 반영하자며 다시 정치인들이 움직인다. 마치 뫼비우스의 띠처럼 벗어날 수 없도록 정교하게 짜여 있다."[18]

이에 대한 비판은 거의 없다. 2021년 1월 서울 영등포구 여성연합 건물 앞에 "여성 단체는 정치적 이익에 눈이 멀어 박원순 서울시장 사건에 있어 가해자와 함께하기를 택했다"는 내용의 대자보가 붙은 건 매우 예외적인 사건이었다. 한 여성 단체의 막내 활동가가 쓴 것이었다. 대자보가 붙은 다음 날 여성정치세력민주연대는 "더 높은 지위로 올라가기 위해 여성 단체 경력이나 여성 대표성의 척박한 현실을 이용하기만 한 것은 아닌지 여성 단체 출신 정치인들과 공직자들의 성찰을 요구한다"는 성명을 발표했다.[19]

앞서 일종의 '밥그릇론'을 역설한 이 민주당 인사는 향후 변화의 가능성을 "민주당은 진보 정당과 달리 '생계형 페미니즘'을 추구한다"는 점에서 찾았다. 그는 "정의당 같은 진보 정당이 '이념형 페미니즘'을 내세우는 것과 달리 민주당은 생계에 위협이 가는 순간 아무렇지 않게 이념을 바꿔 버릴 수 있는 정당이다. 박원순 전 시장 사건에 대해 민주당 페미니스트들이 주춤거렸던 이유도 이들이 이념형이 아니라 생계형이라는 증거이다"며 다음과 같이 말했다.

"복지라고는 1도 관심 없던 당시 민주당 의원들이 2011년 무상급식이 핫 이슈가 되자 TV에 나와 무상급식 예찬론자로 돌변하고, 어제까지 기본소득을 반대하던 국회의원이 이재명과 함께하기로 결정한 다음 날부터 기본소득 찬성론자가 될 수 있는 당이 민주당이다. 비非페미니즘으로 청년 지지를 실제로 끌어모은 민주당 정치인이 딱 한 명만 나타난다면, 아마 민주당 내에서 눈치를 보던 이들은 도미노처럼 넘어갈 것이다."[20]

정치권력을 이용하겠다는 전략인가?

이 주장엔 거부감을 느낄 독자가 많겠지만, 현실을 이해하는 데엔 도움이 된다. 그런 점에서 이 문제를 사회과학 분야에서 이상주의와 현실주의를 중요한 이론으로 승격시킨 정치학의 힘을 빌려 논의해보는 게 어떨까 싶다. 둘 중 어느 이론을 택하느냐에 따라 정치의 방향과 내용은 크게 달라지듯이, 페미니즘을 보는 시각도 큰 영향을 받을 수 있기 때문이다.

이상주의는 당위적 명제와 추상적 원리에 의해 인간 현실을 변화시킴으로써 이전과는 다른 세계를 만들 수 있다고 보는 반면, 현실주의는 인간이나 현실의 본질적인 속성을 인정하면서 그걸 최소화하거나 혹은 좋은 결과를 가져오도록 만들 수 있는 방법에 초점을 맞춘다.

이상주의는 일정한 형이상학적 원리에 따라 상황을 불변적으로 고정시키면서 현실을 규제하고자 하지만, 현실주의는 상황의 가변성을 주어진 것으로 받아들이면서 인간 행동의 역동성을 유지하는 동시에 통제하려고 한다.[21]

이상주의는 국가들 간의 협력과 조화의 가능성을 강조하면서 권력 정치power politics를 비판하지만, 현실주의는 국제 질서의 무정부적 성격과 갈등의 편재遍在를 강조하면

서 권력 정치는 모든 국제 질서의 본질이라고 주장한다.[22]

현실주의는 제2차 세계대전 직후 국제정치의 지배적인 패러다임으로 등장한 이후 이론적 변화를 거듭했지만,[23] 이상주의와 현실주의가 꼭 양자택일을 해야 할 성격의 것이냐는 의문이 있다. 정책 결정자들이 이상주의적 목적론에 매몰되어 현실을 외면한 채 이상적이거나 무모한 정책을 추구하는 것도 문제지만, 오직 힘만을 내세우는 현실주의적 목적론은 험악하고 폭력적인 세상으로 나아가는 '자기충족적 예언'이 될 수 있기 때문이다.

따라서 둘 사이의 그 어느 중간 지점에 이상적인 면을 더 강조하는 '이상주의적 현실주의자'와 현실을 더 강조하는 '현실주의적 이상주의자'가 존재한다고, 아니 존재해야 한다고 보는 시각이 옳을 것이다.[24] 페미니즘 진영에서도 바로 이런 문제가 오랫동안 쟁점이거나 고민의 대상이 되어왔다고 보는 게 상식적이지 않을까?

정치권력의 힘을 빌려 페미니즘의 힘과 지평을 키워나가겠다고 마음먹는 순간 페미니즘은 정치적 당파성의 하부 개념이 되고 말지만, 그건 이상주의 관점에서 보는 시각일 뿐 현실주의 시각은 다른 평가를 내릴 가능성이 높다. 페미니즘의 대의를 위해 정치권력을 일시적으로 이용하는 전략일 뿐이라고 주장할 가능성이 높다. '생계형 페미니즘'이라는 비판에 대해서도 그런 전략을 이해하지 못한 탓이라는 반론도 가능할 게다.

문제는 이런 현실주의 페미니즘은 인권운동으로서 보편적인 설득력을 잃을 수 있다는 점일 게다. 개딸 현상이 '피해 호소인' 사건처럼 '정치권력 우선주의'인지 아니면 아이돌 팬덤의 변형일 뿐인지 아직 단언하긴 어렵다. '개딸도 모르는 개딸'이란 말처럼 문화적 현상으로서 아직 형성 과정에 놓여 있기 때문이다. 개딸이 부디 2년 전 민주당 여성 의원들이 저지른 '피해 호소인' 사건의 불행한 전철을 밟지 않기를 바랄 뿐이다.

복합 쇼핑몰은
'광주 정신'을 훼손하는가?

제7장

대형 쇼핑몰 유치를 둘러싼 세대 차이

2022년 대선 기간 중 광주광역시에서 복합 쇼핑몰 유치가 선거 쟁점으로 부각되었을 때 나는 착잡했다. 5년 전인 2017년 내가 사는 전주에서 비슷한 논란이 벌어졌을 때 나는 그간 내가 갖고 있던 복합 쇼핑몰 반대 입장을 다시 생각해보게 되었기 때문이다.

나는 전통시장 상인들을 살려야 한다는 생각으로 반대하는 입장이었지만, 내 주변엔 찬성파가 더 많았다. 지역 언론사 기사에 달린 댓글도 찬성 위주였다. 당시 나온 쇼핑몰 유치 찬성파의 주장을 몇 개 감상해보자. 전주는 광주를 부러워할 정도로 더 낙후된 도시라는 걸 감안하고 읽는 게 좋겠다.

(1) "오늘도 전주에는 없는 브랜드여서 광주 신세계 갔다 왔네요. 이렇게 가다가는 청주시에 이어 천안시, 제주시에까지 인구 밀리게 생겼습니다."[1]

(2) "중소상인을 위해 전주 시민들이 이용할 대형마트가 없어서 서대전역 옆에 있는 ○○○○로, 부여에 있는 대형 쇼핑몰로, 또 서울로 쇼핑을 다녀서야 되겠소? 전주시는 중소상인만 사는 곳이 아니라는 사실을 기억하기 바라오."[2]

(3) "전주시장님 천안 터미널 가보세요. 마트, 백화점, 터미널이 결합된 복합 공간입니다. 폴더폰에서 스마트폰으로 바뀐 것처럼 시대가 바뀌었습니다. 적절한 개발이 필요합니다."

(4) "섬 전체가 세계문화유산인 제주도 40만 도시 제주시만 가봐도 고층 오피스텔 호텔이 지어지고 면세점 호텔 복합 쇼핑몰이 계속해서 건립되고 있습니다. 머지않아

인구도 전주를 추월할 것 같네요. 사람과 돈이 모이는 도시가 되어 시민이 행복하고 빛나야 하는데, 시장만 빛나는 도시 전주가 되어버렸습니다. 도시를 우물 안 개구리로 만들어버렸습니다."

(5) "대도시나 광주, 대전, 청주에서는 지금 전주와 같은 행정을 원하겠지요. 왜냐? 대한민국의 한정된 파이로 전주에 투자될 몫이 줄어드니까 낙후되길 바라겠지요. 그리고 제대로 된 호텔 쇼핑몰이 없어야 충남 부여, 광주, 대전으로 쇼핑과 문화 생활 즐기러 오거나 이사 오겠지요. 시대 트렌드를 쫓지 않으면 빈익빈 부익부만 가중됩니다."[3]

나는 젊은 대학생들의 생각은 좀 다를까 싶어 수업 중에, 그리고 개인적으로 학생들에게 이 문제에 대한 생각을 물었다. 놀랍게도, 아니 어쩌면 당연하게도, 쇼핑몰 유치에 반대하는 학생보다는 찬성하는 학생이 압도적으로 많았다. 그들은 쇼핑몰을 소비 공간인 동시에 문화 공간으로 여겼다.

이 문제에 관심을 갖고 부지런히 검색을 하면서 관련 논문들까지 찾아 읽었다. 내가 볼 때에 가장 큰 문제는 쇼펑몰 규제가 전통시장과 영세상인을 살리는 데에 별 효과가 없다는 것이었다. 물론 조금이라도 도움이 되는 건 분명하지만, 소비자의 권리를 제약하는 문제를 상충할 수준은 되지 못하기에 규제 반대 여론이 더 높아져가고 있는 건 아닌가 하는 생각이 들었다.[4]

규제를 둘러싸고 전국의 여러 지역에서 비슷한 논란이 있었는데, 지역 내 여론조사상으론 어느 곳이건 찬성파가 훨씬 더 많았다. 광주도 2021년 7월에 실시한 『무등일보』 여론조사에 따르면, '광주시가 창고형 할인마트나 복합 쇼핑몰을 유치해야 하는지'를 묻는 질문에 응답자의 58퍼센트가 '적극 유치해야 한다'고 응답했으며, 20대와 30대에서는 '적극 유치'가 각각 72.3퍼센트, 77.4퍼센트로 높게 나타났다.[5]

나는 이게 세대 차이를 수반하는 문제이기도 하다는 점에 주목했다. 2030세대가 복합 쇼핑몰 유치를 가장 적극적으로 지지한다는 건 무얼 의미할까? 공동체 문화를 어떻게 이해하느냐, 일상적 삶에서 실용주의를 어떻게 실천하느냐에 따라 세대 차이가 크다는 걸 말해준 게 아니었을까?

"광주 정신을 훼손해 표를 얻겠다는 계략"인가?

2022년 2월 16일 국민의힘 대선 후보 윤석열은 광주 광산구 송정매일시장 유세에서 "광주 시민들이 다른 지역에는 다 있는 복합 쇼핑몰을 아주 간절히 바라고 있는데 유치를 민주당이 반대해왔다"고 말했다. 그는 "민주당은 입만 열면 광주·전남을 발전시키겠다고 했지만 광주 GDP가 전국에서 꼴등"이라며, "민주당의 수십 년에 걸친 지역 독점 정치가 지역민들에게 한 게 무엇이냐"고 했다.

이에 민주당 광주시당위원장인 의원 송갑석은 "소상공인과 자영업자가 광주의 지역 경제를 떠받치고 있다"며, "광주 전통시장 상인들 앞에서 복합 쇼핑몰 유치를 말하는 윤 후보는 몰염치하다"고 했다. 그러자 송갑석의 블로그에는 광주 시민들의 비판 댓글이 300여 개 달렸다. "그동안 민주당이 엎어버린 쇼핑몰 사업이 몇 개인 줄 아느냐", "광주에 쇼핑할 곳이 없어서 대전·서울까지 원정 쇼핑을 간다" 등이었다.[6]

민주당 선대위 산하 을乙지키는민생실천위원회는 16일

'소상공인·자영업자 피눈물 흘리게 하는 복합 쇼핑몰 유치가 광주 발전 공약인가'라는 제목의 보도자료에서 "명백히 지역 소상공인·자영업자의 고통을 외면하고, 상생과 연대의 광주 정신을 훼손해 표를 얻겠다는 알량한 계략"이라고 비난했다. 그러면서 "윤 후보는 광주 복합 쇼핑몰 유치 공약을 즉각 철회하고 광주 시민에게 사과하라"고 요구했다.

이에 대해 호남 지역 맘카페, 대학생 커뮤니티 등에서는 반발이 이어졌다. 광주 지역 한 네티즌은 "아무리 그래도 텃밭인데 '우리도 할게요'라고 할 줄 알았다"라며 "(복합 쇼핑몰 유치를 반대하며) 광주 정신이니 뭐니 하는데 기가 막혀서 말도 안 나오더라"고 했다. 또 다른 네티즌도 "온 커뮤니티에서 광주가 비웃음거리다. 우리도 복합 쇼핑몰 있어, 유스퀘어라고 하니 유스퀘어 입점 목록까지 가져와서 조롱한다"라고 했다. 이외에도 "여기저기 광주의 낙후함에 놀라는 댓글들을 보니 기분이 영 별로"라며, "그 흔한 코스트코 하나 없는 게 진짜냐는 글들 보는데 너무 씁쓸하다"라고 했다.[7]

전 정의당 공동대표 나경채는 16일 자신의 페이스북

을 통해 "왐마, 윤서결(윤석열)이가 광주 와 갖고 복합 쇼핑몰 지서준다(지어준다)고 씨부리네이. 근디 그 연설한디가 송정매일시장 앞이더란게?"라며 "후보가 쩨끔(조금) 모지리면(모자라면) 참모들이라도 대그빡(머리)이 휙휙 돌아가야 쓴디 걱다(거기다) 쇼핑몰 지서블믄 거그(거기) 시장 사람들 쌕 다 장사 접어야 된디 거그서 그 야그(이야기)를 하고 자빠졌어야"라고 했다. 이어 "역시 조상님들 말이 틀린 거시 없단 게. 대그빡 나쁘면 하여간에 용감혀······겁나 용감해브러!"라며, "광주가 복합 쇼핑몰 없어도, 5일장이 시개(세 개)나 있다 이눔아!"라고 했다.

이에 대해 국민의힘 광주서구갑 위원장 주동식은 "경채씨, 진짜 댁의 말대로 대끄빡 나쁘면 용감해분갑소잉~"이라며, "압권은 5일장이 3개나 되니까 복합 쇼핑몰이 필요 없다는 발언. 5일장이 무슨 합체 로봇이여? 5일장 3개면 갑자기 '합체'해서 첨단 영화관, 놀이 시설, 오락 시설 등이 따~ 만들어져분갑네. 와따매~ 우리 동네 과학 기술력 끈내줘분갑네(끝내준다)"라고 했다. 주동식은 "정작 충격은 무려 '광역시'에 5일장이 3개나 남아 있다는 사실 아닐까? 바로 경채씨 같은 분들 그리고 정의당 같은 시대착오적 반동 정치 세력이 필사적으로 광주의 변화 발전을 가로막고 있기 때문 아닐까?"라고 했다.

　일부 네티즌들은 "5일장이 3개라 복합 쇼핑몰이 필요 없다는 생각을 하니까 정의당 지지율이 그런 거지", "이런 사람이 대표였으니 정의당이 망했지", "허경영부터 이기고 와서 글 써라" 등의 댓글을 달며 반발했다. 한 네티즌은 나경채 전 대표가 과거 서울 한 쇼핑몰에 방문해 "공기가 안 좋고 사람이 많아도 서울이 좋다"라고 쓴 글을 공유하며 나경채를 비판하기도 했다.[8]

쇼핑몰 유치가 '극우 포퓰리즘'·'일베의 방식'인가?

민주당 법률지원단 소속 변호사 설주완은 2월 17일 TV조선 〈보도본부 핫라인〉에 출연해 '광주 복합 쇼핑몰 유치' 공약과 관련, "마치 가난한 사람들에게 '너 명품 시계 차면 부자 된 거야' 이건 아니지 않습니까"라고 했다가 지역 비하 논란에 휩싸였다. 이에 국민의힘 대변인 양준우는 "어이가 없다. 이게 가스라이팅이 아니면 뭐냐"며, "편의·문화 시설 좀 들어왔으면 좋겠다는 시민의 소박한 소망을 '가난한 사람' 운운하며 뜯어말리는 이유가 대체 무엇이냐"고 지적했다. 그러면서 "언제까지 호남이 민주당 지역 토호들만의 작고 소중한 표밭이어야 하는 거냐"며, "유권자들께 표를 구할 땐 낮은 자세로 지역사회를 어떻게 바꿀 건지 설득해야 하는 것 아니냐. 이걸 광주 시민 비하로 받다니 이젠 할 말이 없다"고 덧붙였다.[9]

민주당 대선 후보 이재명은 5월 18일 저녁 광주 5·18민주광장에서 열린 '광주 정신으로 미래를 열어주십시오' 집중 유세에서 복합 쇼핑몰 논란에 대해 "길 하나 내는 것도 찬반이 있다. 합리적인 타협안을 만들어야 한다"고 했다. 한 전남대학교 학생이 "그저께 다른 후보의 대형 쇼핑몰 공약에 대해 민주당 답변이 '소상공인과 연대하는 광주 정신 훼손했다'고 하는데, 쇼핑몰 없는 게 과연 광주 정신인가"라고 물은 데 대한 답변이었다. 이재명은 그러면서 윤석열을 겨냥해 "증오 갈등 이용해서 정치적 이득을 취하는 것을 극우 포퓰리즘이라고 한다"며, "이런 행태는 완전히 쓸어버려야 한다"고 했다.

'극우 포퓰리즘'이라니, 이건 말이 되는 말이었을까? 이재명은 지난 2017년 대선 때 광주 지역 복합 쇼핑몰 건설과 관련해 반대 입장문을 낸 적이 있었다. 당시 그는 지역 상권 초토화를 이유로 "모든 유통 재벌의 복합 쇼핑몰 진출을 반대한다"고 했다. 민주당 을지로위원회도 당시 공문까지 보내며 반대했다. 그런 정책과 다른 정책을 제시하면 그게 바로 "증오 갈등 이용해서 정치적 이득을 취하는 극우 포퓰리즘"이라는 걸까?[10]

도무지 말이 안 되는 말이었지만, 민주당의 '아무 말 대잔치'엔 끝이 없었다. 민주당 의원 조오섭(광주광역시 북구갑)은 22일 '이준석 대표는 광주를 고립시키지 마십시오'라는 제목의 페이스북 글에서 "전두환은 1980년 5월 탱크와 군홧발로 광주를 고립시켰다. 이 대표는 '낙후'와 '가난'이라는 거짓 프레임으로 광주를 고립시키고 있다"며, "광주를 타 시도와 갈라치고 고립을 유도하는 전형적인 '일베'의 방식"이라고 비난했다. 또 그는 "정치를 일베

식 게임 정도로 여기며 국민을 자신이 가지고 노는 게임 속 캐릭터처럼 취급하는 알량한 제1야당 대표의 장난질에 놀아날 광주가 아니다"라고 주장했다.[11]

'광주 정신'은 가스라이팅의 도구인가?

복합 쇼핑몰 유치 논쟁에 전두환과 일베까지 동원하는 묘기가 나온 바로 그날 이준석은 광주 충장로 일대에서 벌인 유세에서 "광주의 정치가 지금의 2030세대에게 가져다주는 혜택이 없고 감동을 주지 못했다면 그것을 질타하고 바꿀 권리가 시민에게 있다"며 지지를 호소했다. 그는 "복합 쇼핑몰이 정치판을 흔들고 있다"면서 "복합 쇼핑몰은 지역의 토호 정치인들의 논리와 이해에 의해 박탈되었던 아주 작으면서도 상징적인 권리의 표현"이라고 설명했다. 그러면서 "이 담론은 이미 광주의 카르텔화된 토착 정치와 싸우는 하나의 고지가 됐다"고 주장했다.[12]

　　같은 날 이준석은 광주 북구 운암동 한 커피숍에서

가진 '광주 시민과 함께하는 복합 쇼핑몰 유치 공동 대응 간담회'에선 "쇼핑몰 유치를 놓고 '광주 정신'을 이야기하는 것은 영령을 오히려 욕보이는 것이다"고 지적했다. 그는 "(복합 쇼핑몰에 대해) 현실적이고 구체적인 대안을 놓고 토론하자고 했더니 (민주당은) 몇십 년간 했던 것처럼 '광주 정신을 알아' 하고 입막음을 시도했다"며 "우리는 선, 너희는 악 프레임을 유지하고 있다"고 밝혔다.

이준석은 "수도권과 지방의 소득, 자산 격차를 넘는 것 중 하나가 경험의 격차가 생기지 않게 하는 것이다"며, "민주당이 감수성이 떨어진다고 생각하는 것이 지역과 수도권 인프라 격차를 줄여달라는 지역 요구가 대구, 부산 등 지역에서 경쟁적으로 올라오는데 광주 시민들의 요구를 이런 식으로 대하는지 답답하다"고 했다.[13]

광주 시민들은 어떤 생각을 하고 있었을까? 매우 근소한 차이나마 2022년 3월 대선의 승자는 윤석열이었고, 그는 광주에서 12.72퍼센트의 득표율을 기록했다. 9개월 전인 2021년 6월 '대기업 복합 쇼핑몰 유치 광주 시민회의'를 조직하고 광주 시민 660명의 서명을 받아 광주시의

회에서 '복합 쇼핑몰 유치 광주 시민운동 660인 선언문'을 발표했던 배훈천은 대선 결과에 대해 다음과 같이 말했다.

"문재인 정부에 대한 실망과 민주당 대선 후보에 대한 비호감이 호남에서도 상당히 높았다. 그간 광주를 독점해온 기득권·토호 세력에 대한 반발도 컸다. 그게 반영된 결과라고 본다. 한 번 봄바람이 불기 시작하면 중간에 추위가 다시 오더라도 그 기세는 예전만 못하다. 광주에 불고 있는 새로운 바람도 그렇다."

그는 광주를 독점해온 기득권·토호 세력에 대해선 "지금까지 광주의 지배 권력은 민주당과 시민단체가 차지하고 있었다. 이른바 '광주 정신'으로 묶인 공고한 카르텔이다. 군사독재 시절 시민단체는 숨도 못 쉬고 탄압받았다. 그때는 다들 내가 못하는 일을 시민운동가들이 대신 해줘서 고맙다고 생각하고 존경심을 표했다. 그러나 고인 물은 썩기 마련이다"며 다음과 같이 말했다.

"보수를 기존의 가치를 지키려는 성향으로 정의한다면, 호남의 진보 세력이야말로 보수다. 이들은 변화를 거부하고 자신 단체의 존립이나 지배력의 유지, 정치적 이익을 위해 끊임없이 광주 정신을 들이밀며 '평등을 위해 덜 먹고 덜 발전하자', '발전하면 빈부 격차가 벌어진다'고 평범한 시민을 가스라이팅한다. 그 결과가 광주의 지금 현실이다. 제대로 된 복합 쇼핑몰 하나 없다."[14]

왜 광주만 안 되는가?

민주당 광주시당이 대선 후인 3월 18일부터 20일까지 광주 시민들을 대상으로 온라인 패널 조사(정량 조사)와 표적 집단 면접 조사(정성 조사)를 실시한 후 발행한 「대선 이후 광주 민심 조사」 종합 결과 보고서 내용이 흥미로웠다. 민주당 대선 후보 이재명은 대선 때 광주 지역 공약으로 '미래 명품 재래시장'을 제시했지만, 광주시에서 가장 중요한 현안으로 '중소상인 보호, 전통시장 활성화'를 꼽은 응답자는 2.8퍼센트에 그친 것으로 나타났다. '랜드마크, 관광 활성화'가 중요한 현안이라고 답한 한 시민은 "광주가 5·18에만 매몰돼 있다"며 "제주도는 4·3 사건도 중요하지만, 관광지의 밝고 긍정적인 이미지가 있다"고 했다.

　민주당은 보고서에서 "복합 쇼핑몰에 대한 지지 의견이 높은 점을 주목할 필요가 있다"며, "광주 시민들은 광주의 민주화 정신과 복합 쇼핑몰 유치가 상충하지 않는다고 인식하고 있고, '왜 광주만 안 되는가'에 대한 의구심이 상당해 전향적 자세가 필요할 것으로 보인다"고 했다.[15] 물론 아직도 여전히 반대의 목소리는 있지만, 지난 4월 8일 광주시 민관협치협의회는 복합 쇼핑몰 유치와 관련한 시민 의견 수렴 방안을 집중적으로 논의해 시에 제안하기로 했다.[16]

　그런 일련의 과정에서 광주의 청년 세대가 지역 정치권이 '광주 정신'을 자의적으로 해석하는 것에 강한 반감을 보인 건 주목할 만한 일이었다. 그들은 최소한의 시장 논리마저 5·18로 상징되는 '광주 정신' 앞에서 무력화되는 현실에 답답함을 느꼈거나, 민주당이 5·18과 광주 정신이면 광주는 다 된다는 듯한 접근법을 보이는 것에 분노했다.[17]

　민주당은 앞으론 광주의 현실적인 문제와 관련해 그 어떤 주장을 하더라도 '광주 정신' 운운하는 식으로 말하지 않으면 좋겠다. 그건 합리적인 논의 자체를 원천적으로 봉쇄할 수 있기 때문이다. 이 생각에 동의할 수 없는 광주 시민들이 있다면, 나는 그분들께 이런 질문을 드리고 싶다.

"광주에서 성역이 없는 내부 비판의 자유는 보장되고 있나요? 다른 의견에 대한 관용의 문화가 살아 있나요? 지난 대선에서 특정 정당 후보에게 84.8퍼센트의 표를 몰아준 '몰표의 전통'을 계속 지켜나가는 게 '광주 정신'일까요? 문재인 정권이 어이없는 실정을 저질렀을 때엔 여론 조사를 통해서나마 따끔한 회초리를 들어 성찰과 자기 교정을 압박했어야 하지 않나요? 어떤 일이 벌어지건 문재인 정권에 맹목적 지지를 보낸 게 정녕 잘한 일이었을까요? 문재인 정권의 실패에 광주가 져야 할 책임은 없다고 생각하시나요?"

광주는 젊은 층에게 '노잼 도시'

2030세대는 왜 전혀 다른 생각을 하는지 그걸 이해해보려는 자세를 가져보는 것도 꼭 필요할 게다. 성균관대학교 사회학과 교수 구정우는 "지금 한국 사회에서 복합 쇼핑몰은 도시 발전의 상징적 의미이자 젊은 세대의 욕망을 상징하는 공간이 됐다"며, "소상공인과의 상생 방안이 마련돼야겠지만 정치권에서 무조건 반대만 하긴 어려운 상황"이라고 분석했다.[18]

『K-를 생각한다: 90년대생은 대한민국을 어떻게 바라보는가』의 저자인 임명묵은 "복합 쇼핑몰은 '내가 바로 어제 다녀온 서울에서, 내가 당장 휴대전화를 켜면 보이는 게시글에서' 볼 수 있는 너무나 익숙한 대상이다"며 다음과 같이 말했다.

"그러나 사실 이들의 마음에 정말 불을 지핀 것은 서울이 아니었다. 서울은 어차피 '특별'한 공간이니, 서울과의 격차 자체는 본질적 문제가 될 수 없었다. 하지만 광주와 '같은 급'인 다른 광역시들이 광주보다 훨씬 빠르게 새로운 유행을 수용하고 있는 것은 전혀 다르게 다가올 수밖에 없다. 대구가 가능하고, 대전이 가능하다면 광주가 불가능할 이유는 무엇이 있겠는가?"[19]

대구·대전은 가능해도 광주는 안 된다는 게 '광주 정
신'이라는 건 광주가 그만큼 '상생과 연대'를 소중히 한다
는 뜻으로 이해할 수 있겠다. 그런데 우리가 가장 경계해야
할 것은 복합 쇼핑몰 유치에 찬성한다고 해서 지역 내 중소
상인들에 대한 배려나 상생·연대 의식이 없는 이기주의자
로 보는 시각이다. 실제로 이런 시각을 드러내는 사람이 적
지 않기에 하는 말이다.

청년들이 그런 광주를 답답하게 여겨 떠난다면 어쩔
것인가? 광주는 이미 시민들 스스로 볼거리·놀거리·즐길
거리가 없는 '3무無' 도시라고 하지 않는가? 젊은 층에겐
'노잼 도시'였다. 2021년 한 광주 지역 언론사 조사에 따
르면 광주 시민 29퍼센트는 시를 연상하는 이미지로 '문
화 예술'을 꼽았으며, 다음은 '맛의 고장'(17퍼센트), '의로
운 고장'(14퍼센트),' 재미없는 도시'(13퍼센트) 순이었다.
하지만 젊은 층으로 갈수록 결과는 바뀌었다. 30대 미만
(18~29세)과 30대 연령층이 '재미없는 도시'를 꼽은 비율
은 각각 33퍼센트, 26퍼센트에 달했다.[20]

혹 '광주 정신'이 이른바 '낭만적 공동체주의'로 나아가고 있는 건 아닌지 살펴볼 필요가 있지 않을까? 임명묵이 잘 지적한 것처럼, "소비와 문화, 나아가 삶의 방식 전체가 바뀌고 있는 지금, 지역은 청년들이 빠져나가 활기를 잃은 채 쇠퇴할 것인가, 아니면 서울과의 동시성 속에서 새로운 문화적 모색을 통해 도약의 기회를 만들 것인가"의 문제로 이해하는 것도 필요하지 않겠느냐는 것이다.[21]

이젠 연세대학교 국제학대학원 교수 모종린이 수년째 역설해온 '골목길 경제학'에 주목할 때가 된 것 같다. 그는 "요새 젊은 사람들은 나다움, 동네다움을 추구하고 자기 동네에 대한 자부심이 강하기 때문에 동네 브랜드를 어떻게든 밀어주고 싶어한다"며, "동네다움을 갖춘 로컬 브랜드는 대기업도 건드릴 수 없다"고 주장한다. 그는 로컬 브랜드가 잘되려면 대기업은 경쟁자가 되는 대신 플랫폼 역할을 해야 하고, 지자체와 정치권은 읍·면·동 단위의 상권 관리 시스템을 만들고 창업 지원 예산을 배정해야 한

다고 강조한다.[22]

물론 그게 말처럼 쉬운 일은 아니겠지만, 모종린이 대통령직 인수위원회에 합류해 활동함으로써 기업이 소상공인과 상생하는 방향으로 광주 복합 쇼핑몰을 유치하는 전략이 나올 것이라는 기대가 높아졌다.[23] '상생과 연대'를 실천할 때 가장 중요한 것은 오직 한 가지 방법만이 존재한다고 믿는 도그마를 깨는 건 아닐까?

나 역시 누구 못지않게 낭만적 공동체주의의 이상에 강하게 끌리는 세대에 속하지만, 젊은 세대에게 그걸 강요할 수는 없다고 생각한다. 개인적으로 낭만적 공동체주의를 실천하면서 사는 게 문제될 건 전혀 없다. 아니 오히려 장려하면서 칭송할 일이다. 문제는 공적 영역에서 그걸 너무 낡았다고 생각하는 세대와의 소통과 상호 이해다. 중소 상인들의 생존을 위한 대책과 아이디어 개발이 시늉에 그치지 않고 성과를 낼 수 있는 혁신의 길로 나아가는 것이 중요하다. 2030세대가 지역에서 많이 활동해야 그런 혁신도 가능할 게 아닌가?

'노인 죽이기 클럽'을
막아라

제8장

'노인 죽이기' 또는 '노인 투표권 회수'

"여든이 되어도 부당하게 장수할 것으로 의심되는 사람은 선거권과 재산을 박탈해야 한다." 영국 작가 조너선 스위프트의 주장이다. 영국 철학자 버트런드 러셀은 "훌륭한 제안이긴 하지만 지금도 벌써 노인들이 권력을 꽉 움켜잡고 있으니 내가 볼 때 스위프트의 안은 현실성 있는 정책이 못되는 것 같다"며 이렇게 말했다.

"나는 60세 이하의 모든 의료인들이 하나로 뭉쳐 젊은이를 지키기 위한 연맹을 결성하고 영향력을 행사하여,

많이 늙은 사람의 수명을 연장하려는 모든 연구를 막아야 한다고 주장한다."[1]

러셀의 제안은 현실성은 높을망정 스위프트가 원했던 수준의 '개혁'엔 전혀 미치지 못한다는 한계를 안고 있다. 세계 최고 수준의 고령화 국가로 이른바 '노인 권력'이 영국에 비해 더 강한 이탈리아로 눈을 돌려보자. 이탈리아 소설가 움베르토 에코가 2011년에 발표한 「늙은이들이 살아남는 방법」이란 글엔 다음과 같은 이야기가 나온다.

"예전에는 평균 예순이면 죽었다. 오늘날엔 아흔까지 산다. 연금과 사회보조금을 30년이나 더 받아먹는다는 말이다. 알다시피 연금과 사회보조금은 젊은이들이 지불한다. 젊은이들이 열심히 일해서 수많은 노인을 먹여 살린다는 뜻이다. 그런데 이런저런 공공기관이나 민간기업에 가보면 꼭대기를 차지하고 있는 사람은 여전히 죽지 않고 버티는 노인들이다."

철학적으로 웃어보자고 한 말이겠지만, 이어지는 이야기는 살벌하다.

"이런 상황을 해결할 가장 손쉬운 방법은 명약관화하

다. 젊은이들이 자식 없는 노인들을 죽이는 것이다.……노인들이 반발해서 숨기 시작하면 그때부터 노인 사냥이 시작된다. 밀고자들의 도움을 받아가며."[2]

　에코의 글이 나온 시점과 비슷한 2011년 5월 미국에선 배우이자 작가인 앨버트 브룩스가 『2030년 그들의 전쟁』이라는 책을 출간했다. 이 책에도 노인을 노린 테러가 등장한다. 2030년 미국인 평균 수명이 100세를 넘기자 노인 복지 비용을 대느라 갈수록 세금을 많이 내야 하는 젊은이들이 일흔 넘은 노인의 투표권을 빼앗자고 주장한다. 버스에 탄 노인들이 사살되거나 요양원과 노인 아파트 단지에서 폭탄 테러가 일어나지만, 불행 중 다행히도 소설은 세대가 타협해 불합리한 의료 복지 제도를 고치는 대안을 찾으며 끝난다.[3]

　미국보다는 더 심각한 문제를 안고 있는 이탈리아에선 그런 해피엔딩이 가능할 것 같지 않다. 2019년 10월 이탈리아 집권당인 오성운동 창립자 베페 그릴로가 자기 블로그에 '노인들의 투표권을 회수한다면?'이라는 도발적인 제목의 글을 게시했으니 말이다. 그는 "노인 유권자는 현재도 많은 수를 차지하고 앞으로도 계속 증가할 것"이라며, "젊은 세대 역시 언젠가는 노인이 되기 때문에 특정 나이 이상의 노인만을 대상으로 투표권을 거둬들이는 것이 연령에 기반한 차별에 해당하지 않는다"고 주장했다.⁴ 당시 그릴로 역시 71세의 노인이었기에 그런 도발적인 주장을 할 수 있었던 건지는 모르겠지만, 이탈리아 사회의 반응이 의외로 차분한 게 놀라웠다. 한국에서 정치인이 그런 말을 했다면 난리가 났을 텐데 말이다.

〈오징어 게임〉 감독 황동혁의 '노인 죽이기 클럽'

에코의 글은 2021년 국내에서 번역·출간된 『미친 세상을 이해하는 척하는 방법』이라는 에세이집에 수록되었다. 세간의 추측이긴 하지만, 드라마 〈오징어 게임〉으로 세계를 발칵 뒤집어놓은 천재 감독 황동혁은 이 글을 인상 깊게 읽었던 것 같다. 그는 2022년 4월 4일 프랑스 칸에서 열린 세계 최대 방송 콘텐츠 마켓 'MIPTV' 행사에 참석해 〈오징어 게임 2〉 이전에 제작할 것으로 보이는 차기작에 대해 다음과 같이 말했으니 말이다.

"새 작품으로 '노인 죽이기 클럽Killing Old People Club(가제)'을 구상하고 있습니다. 〈오징어 게임〉보다 더 폭력적인 내용이 될 겁니다.……이 작품이 공개된 뒤에 나는 아마도 노인들을 피해 다녀야 할지도 모릅니다."[5]

정말? 노인들의 큰 반발을 불러일으킬 수도 있다는 뜻으로 한 말이 아닌가? 이는 그가 미국과 유럽에서 유행한 이른바 '세대 전쟁론'을 수용하겠다는 걸 시사한 걸까? '세대 전쟁론'이란 무엇인가? 미국 경제학자 레스터 서로가 1996년에 내놓은 다음 주장이 그 핵심을 잘 말해주고 있다.

"가까운 미래에 계급 전쟁은 빈자와 부자의 대결이 아니라 젊은이와 노인의 싸움으로 다시금 정의될 것이다."[6]

2003년 프랑스 파리에서 젊은이 3만 명이 거리로 뛰쳐나와 부모 세대에게 제공되는 보조금이 지나치게 많다며 시위를 벌인 이래로 유럽에선 수많은 세대 전투가 벌어졌다.[7] 프랑스 경제학자 베르나르 스피츠는 『세대 간의 전쟁』(2009)에서 "다수 선진국의 젊은이들은 노년층의 인질극에 사로잡혀 있다"며, "프랑스 젊은이들 그리고 아마도 서울의 젊은이들에게 예정된 미래는 간단히 말해서 역사상 가장 규모가 큰 무장 강도 행위이다"고 주장했다.[8]

미국 경제학자 로런스 코틀리코프도 『세대 충돌』(2012)에서 미국의 젊은이들이 기성세대에 의해 착취당하고 있다고 비난했다. 그는 이를 감추려고 거짓말을 하는 행정부는 물론 공화당과 민주당이 똑같다며 이렇게 주장했다.

"각 세대는 자신들이 부담해야 할 세금의 상당 부분을 미래 세대에게 떠넘기고 있다. 매년 아니 수십 년 동안 젊은이들로부터 돈을 빨아내 노인들에게 거금을 안겨주면서, 미국 행정부는 사실상 거대한 폰지 사기Ponzi scheme(피라미드 사기) 행각을 벌여왔다."[9]

최악의 노인 빈곤율, 최고의 노인 자살률

과연 그런가? 그래서 에세이나 드라마의 세계에서 '노인 죽이기 클럽'이 등장하는 건가? 과장의 혐의는 제기할 수 있을망정 세대 전쟁론이 무조건 다 잘못된 것이라고 말하기는 어려울 것이다. 일부 국가의 일부 사례들은 설득력이 꽤 높다는 것도 부인하기 어렵다. 문제는 과도한 일반화와 더불어 감정적 선동의 부정적 효과다.

나는 황동혁이 드라마 제작에 들어가기에 앞서 사회학자 전상진의 『세대 게임: '세대 프레임'을 넘어서』(2018)라는 책을 꼭 읽어보면 좋겠다. 이 책은 세대 전쟁론에 대한 강력한 반론을 제기하고 있기 때문이다. 어느 한쪽으로 더 기울지라도 상충되는 두 관점 사이에서 최소한의 균형을 취하는 데에 도움이 되지 않겠느냐는 뜻으로 드리는 말씀이다.

한국 청년들의 실제 삶에서 그들이 가장 분노해야 할 대상은 일반적인 노인들이 아니라 국가적 정책 결정에 책임이 있는 노인들일 게다. 그들에게 가장 큰 부담과 고통을 안겨주고 있는 내 집 마련의 문제를 살펴보자. 2022년 4월 6일 서울시가 '2021 서울 서베이(도시 정책 지표 조사)'를 활용해 서울에 거주하는 2030세대의 삶을 분석한 결과에 따르면, 다른 도시로 이주한 전출 인구 56만 7,366명 가운데 2030세대가 27만 1,468명(47.8퍼센트)으로 2명 중 1명꼴인 것으로 나타났다.[10]

거의 대부분 부동산 가격 폭등으로 서울에서 쫓겨난 이들인데, 청년들에게 그런 고통을 준 범인은 노인들이 아니다. 엉터리 부동산 정책을 신앙으로 떠받들면서 고집을 피운 문재인 정권이다. 그러니 결코 '노인 죽이기 클럽'을 만들 일은 아니다.

2022년 4월 13일 부동산 정보 제공 업체 경제만랩이 KB부동산 자료를 분석한 결과에 따르면, 문재인 정권 들어 서울과 6개 지방 광역시 중형 아파트 평균 매매값이 10억 원 넘게 벌어진 것으로 나타났다. 2017년 5월 서울과 지방 광역시 중형 아파트 평균 매매 가격은 각각 8억 326만 원, 3억 3,608만 원으로 차이는 4억 6,718만 원이었지만, 서울은 16억 1,059만 원, 6개 광역시는 6억 441만 원으로 평균 매매 가격 격차는 10억 618만 원으로 더 확대되었다는 것이다.[11]

지방에선 비교적 싼값에 거주할 수 있게 되었으니 문

재인 정권에 감사해야 할까? 북한에서 평양은 원한다고 해서 아무나 가서 살 수 있는 곳이 아니라던데, 이제 남한의 서울도 그 지위에 올랐다고 반겨야 하나? 그렇게 하고 싶은 사람도 없진 않겠지만, 일자리 때문에 자녀를 서울로 보냈거나 보내야 할 지방민들은 끓어오르는 분노를 참기 어려울 게다. 이 또한 지지리 못난 정권을 탓해야지 '노인 죽이기 클럽'을 만들 일은 아니라는 걸 시사해준다고 볼 수 있겠다.

가장 큰 책임을 져야 할 대통령 문재인을 비롯해 노인으로 부를 수 있는 고위 인사들을 지목해 '노인 탓'을 할 수도 있겠지만, 한국은 경제협력개발기구OECD 회원국 중에서 최악의 노인 빈곤율과 최고의 노인 자살률을 기록하고 있는 나라라는 걸 상기하는 게 좋겠다. 즉, 세대 이전에 계급의 문제라는 것이다.

2022년 6월 27일 일본 『니혼게이자이신문』은 "총무성이 세계 주요 7국G7과 한국을 포함한 8국의 '65세 이상 고령층 취업률'을 조사한 결과, 일본이 25.1%(2021년 기준)를 기록, 주요 선진국 가운데 매우 높은 수준"이라고 보도했다. 이 기사에서 일본보다 높은 취업률은 한국이 34.1퍼센트(2020년 기준)로 유일했다. 일본 고령층은 4명 중 1명 꼴로 취업 중이지만, 한국은 3명에 1명이 현업에서 일하는 것이다. 일본에 이어 미국(18퍼센트), 캐나다(12.8퍼센트), 영국(10.5퍼센트), 독일(7.4퍼센트), 이탈리아(5퍼센트), 프랑스(3.35퍼센트) 순이었다. 한국의 고령층 취업률 수준은 전 세계 37국이 회원국으로 가입해 있는 경제협력개발기구 평균 14.7퍼센트의 2.3배에 달했다.

　　한국의 고령층 취업률이 전 세계 주요 선진국 가운데 가장 높은 걸 축하해야 할까? 한국 고령층이 신체적 건강이나 취업 의지에서 다른 나라보다 좋다는 긍정적인 측면을 지적할 수도 있겠지만, 65세 이상이 되어도 경제적 이유 등으로 은퇴하지 못하고 아파트 경비원과 같은 비정규직 일자리에 취업해야 하는 우울한 현실을 반영한다고 보는 게 더 설득력이 있을 게다.[12]

세상인심이라는 게 돈 많은 사람을 깔보는 법은 없다. 돈이 없을 때 멸시와 혐오의 대상이 된다. 2022년 6월 성균관대학교·아주대학교·중앙대학교·한양대학교의 교수 등 연구진이 참여한 '혐오 표현 식별 AI 연구 그룹'이 방문자 수가 높은 국내 온라인 커뮤니티 11개를 분석한 결과, 가장 사용 빈도가 높은 혐오 표현은 '틀딱(노인을 '틀니'에 빗대 비하하는 표현)'인 것으로 나타났다.[13] 즉, 돈 없는 노인이 혐오의 주요 대상인 셈이다. 언론에 보도된 '노인 혐오 사회'의 실상을 감상해보자.

다른 노인과 같이 서서 택시를 잡으면 그냥 지나가는 걸 몇 차례 경험한 어느 87세 노인은 "한 명이 나와서 택시를 잡고 나머지는 숨어 있다가 차가 서면 나와서 탄다"고 했다. 노인은 혼자일지라도 택시를 잡는 건 매우 어렵다. 승차 거부를 당한 경험이 있는 81세 노인은 "택시 기사에게 왜 안 서냐고 따졌더니 '노인들은 가까운 곳에 가는 경우가 많아 영업에 도움이 되지 않는다. 탑승을 안 시켜도 신고하지 않더라'며 대수롭지 않게 얘기하더라"고 분통을 터트렸다. 버스도 다를 게 없다. 어느 81세 노인은 다리가 아파서 천천히 버스에 올랐는데, 기사에게 이런 폭언을 당했다. "집에나 있지 노인네가 뭐하러 다녀요." 얼마 전에는 짐을 들고 앞자리에 앉았더니 버스 기사가 "짐을 갖고 저 뒤로 가라"고 소리를 질렀다고 한다.

노인은 커피숍에 가도 눈총을 받는다. 어느 75세 노인은 "종업원이 귓속말로 '노인이 많으면 젊은 사람이 안 온다'고 말하는데, 다 들리게 하더라"며 "'집에서 반려견 다음이 노인'이란 우스갯소리가 있는데, 노인이 차별을 심하게 받는다"고 했다. 아예 종업원이 "'노인은 들어오지 마세요. 여기는 젊은 사람만 있어요'라고 막았다"고 말한 노인도 있었다. 노인들이 가운데 앉으면 영업에 지장이 준다며 눈을 흘기는 식당도 많다. 어느 69세 노인은 가운데 앉으면 종업원이 와서 옆자리로 가라고 한 걸 몇 차례 경험하고 나서 아예 처음부터 구석 자리에 앉는 게 버릇이 되었다.[14]

"물을 흐리는 노인을 쫓아내라"

이런 이야기도 있다. "은퇴한 동창을 만났더니 헬스클럽 열심히 다닌다면서 '너도 빨리 헬스 등록해. 육십 전에 등록하면 육십 넘어도 계속 다닐 수 있지만 육십 넘기면 등록을 아예 안 받아주거든'이라 했다. 나이 든 사람이 물을 흐린다는 것이다."[15] 경로당 총무 일을 맡은 75세 여성은 자식들한테 "엄마는 왜 그런 곳에 다녀? 분별없는 사람 같다. 소속 그룹이 곧 지위를 말하는데, 경로당이 뭐냐"는 핀잔을 들었다고 했다.[16]

2021년 기준 전국의 65세 이상 노인 인구는 약 857만 명으로 전체 인구의 17퍼센트인데, 도로교통공단에 따르면 2021년 도로를 걷다 사망한 사람은 1,018명이고, 이 중 노인은 601명으로 무려 59퍼센트였다. 교통 관련 규제가 강화되고 자동차 기술 발전 등의 여파로 전체 사망자 숫자는 줄고 있지만 노인 사망자 비율은 해마다 높아지고 있다. 그럼에도 갈수록 안전 조치가 강화되는 스쿨존과 달리 실버존은 사실상 유명무실한 상황이다.[17]

사정이 이와 같으니, '노인 죽이기 클럽'은 픽션의 세계에서나마 꿈도 꾸지 않는 게 좋겠다. 굳이 만들겠다면, 노인의 계급을 구분해 빈곤에 허덕이는 노인에겐 면책특권이라도 주는 게 공정하지 않을까?

체코 소설가 프란츠 카프카는 "아름다움을 볼 수 있는 능력을 잃지 않는 사람은 늙지 않는다"고 했지만, 진실을 말하자면 오히려 그 '아름다움' 때문에 노인 혐오가 일어난다. 미국 역사학자 데이비드 로웬덜은 "인간의 아름다움에 대한 동경은 노인을 더욱 불쾌한 존재로 보이게 만들었다"고 말한다.[18]

아름다움은 노인만 차별하는 게 아니다. 아름답지 못한 청춘도 차별한다. 가난한 사람과 장애인도 차별한다. 아름다움이야말로 차별의 원흉이 아닐까? 아름다움으로 인해 차별을 받는 모든 사람이 연대해서 아름다움과 싸워야할까? 물론 이건 가능한 프로젝트는 아니기에 '노인 죽이기 클럽'을 막는 데에 노력을 집중하는 게 좋겠다.

‘한류의 주역’
X세대에 경의를 표한다

제9장

누가 한국의 대중문화를 움직이는가?

"김은희, 김태호, 나영석, 박진영, 방시혁, 서태지, 싸이, 양
현석, 연상호, 황동혁."

　　이들 10인의 공통점은 무엇인가? 이런 질문을 던지
면, 우선 대중문화 종사자라는 답이 나올 것 같다. 그다음
엔? 이 질문엔 생각이 좀 필요하겠지만, 대중문화 애호가
라면 'X세대(1970년대생)'라는 답을 내놓을지도 모르겠다.
X세대? 그런 세대도 있느냐고 의아해할 독자들도 없진 않
겠지만, 1990년대를 경험한 사람이라면 당시 세상을 떠들

썩하게 만든 'X세대 열풍'을 기억하실 게다.

1975년생으로 언론인이자 작가인 김민희가 2022년 4월에 출간한 『다정한 개인주의자: K-컬처를 다진 조용한 실력자 X세대를 위하여』는 X세대가 K-컬처(한류)의 주역임을 밝힌 책이다. 앞에 언급한 10인의 이름은 화려하지만, 이들은 '새 발의 피'에 불과하다. "대한민국 대중문화는 거의 X세대가 움직이고 있다고 해도 과언이 아니"기 때문이다. 영화감독에서 봉준호(1969년생)와 이병헌(1980년생)처럼 한 살 위아래까지 X세대의 속성을 지녔다고 한다면, X세대 감독이 1,000만 관객 영화 15개 중 13개를 만들었다는 통계가 나온다.[1]

우리 인간이 문화만으로 살아가는 건 아니다. 치열한 생존 경쟁의 한복판엔 자신의 밥그릇을 지키고 키우기 위한 권력투쟁이 있다. X세대는 권력투쟁에 능한가? 전혀 그렇지 않은 것 같다. 김민희는 2021년 6월과 11월 '집단적 기회 상실에서 오는 허탈감'을 느꼈다고 했는데, 그 이유가 흥미롭다.

6월 11일 헌정 사상 최초로 30대 정치인인 이준석

(1985년생)이 제1야당의 대표로 선출되었으며, 약 5개월 후인 11월 17일 1981년생인 최수연이 국내 최대의 포털 사이트 네이버의 CEO에 내정되었다. 네이버의 이전 수장은 1967년생 한성숙이었는데, 왜 1970년대생을 건너뛰고 1980년대생에게 권력이 넘어간 걸까? 당시 제1야당엔 1970년대생 정치인이 없었던 걸까? 아니면 이 모든 게 단지 우연일 뿐인가?

김민희는 X세대가 '한류의 주역'이 될 수 있었던 이유를 세대론과 연결시켜 논의함으로써 그간 다른 영역에선 '계급론'의 매서운 질타를 받았던 '세대론'의 힘을 유감없이 보여주고 있다. 우선, 사실상 세대론을 옹호한 효과를 낸 미국 작가 맬컴 글래드웰의 『아웃라이어』(2008)라는 책부터 감상해보자.

글래드웰은 "아웃라이어(자신의 분야에서 큰 성공을 거둔 탁월한 사람들)의 역사를 구분 짓는 진정한 요소는 그들이 지닌 탁월한 재능이 아니라 그들이 누린 특별한 기회"라고 했는데,[2] 그런 특별한 기회의 중요성에 대한 인식은 세대론의 가치를 부각시킨다.

글래드웰이 심혈을 기울여 논증한 한 사례를 보자. 개인 컴퓨터 혁명의 역사에서 가장 중요한 해는 1975년이다. 이 혁명의 수혜자가 되려면 1950년대 중반에 태어나 20대 초반에 이른 사람이 가장 유리했다. 실제로 미국 정보통신 혁명을 이끈 거물들은 거의 대부분 그 시기에 태어났다. 마이크로소프트의 빌 게이츠, 애플의 스티브 잡스, 구글의 에릭 슈밋 등은 1955년생이며 다른 거물들도 1953년에서 1956년 사이에 태어났다.[3]

1970년대생의 4가지 특성

개인 컴퓨터 혁명이 미국에 비해 10여 년 늦은 한국에선 서울대학교 공대 86학번 3인방(김범수, 이해진, 김정주)이 사실상 인터넷을 지배했다.[4] 이들을 비롯해 이재웅 등과 같은 컴퓨터·인터넷 분야의 거물들은 대부분 1966년에서 1968년 사이에 태어났다. 나중에 1970년대생들도 정보통신 혁명에 뛰어들었지만, 1960년대 후반생들만큼 압도적 우위를 누리긴 어려웠다.

1970년대생들, 즉 X세대에게 열린 새로운 기회는 영상 혁명이었다. 1992년 통계청의 집계에 따르면 한국 인구 가운데 20대 이하는 44퍼센트, 30대 이하를 따지면 62퍼센트에 이르렀다. 이 62퍼센트의 인구는 이른바 'TV 세대'였다. 이 시점에서 TV의 역사는 이제 불과 50년이었으며, 한국 TV 역사는 30년에 지나지 않았다. 1960년대의 TV 수신기 보급이 신통치 않았다는 것을 감안한다면, 한국에선 20대 초반까지의 인구를 'TV세대'로 볼 수 있었다.

TV세대는 곧 '소비대중문화 세대'이기도 했다. 그들은 이전 세대와는 달리 광고도 대중문화의 일부로 간주했다. 실제로 광고는 '진보'를 거듭해 제법 볼 만한 영상물의 지위를 누리고 있었다. 시인 이승훈은 1993년 "최근의 카피 문화나 광고 문화는 놀라운 데가 많다. 신문을 보거나 TV를 보거나 우리의 시선을 끄는 것은 광고다. 문안도 신선하려니와 그림이나 이미지 역시 예술 작품 뺨칠 정도로 감동적인 것들이 많다"고 말했다.[5] 1993년 SBS-TV 3기 신인 탤런트 시험엔 20명 모집에 7,578명이 몰려 380대

1의 경쟁률을 기록했는데, 최종 합격자 17명 가운데 전체의 70퍼센트인 12명이 전문 광고 모델이었다.[6]

바로 이 1990년대 초반의 시기에 '한류'라는 작명도 이루어지면서 한류가 발동을 걸기 시작했다. 나는 1990년대에 20대 시절을 보낸 X세대가 한류의 주역이 될 수 있었던 이유 중의 하나로 그들에게 '상업주의'에 대한 거부감이 없었다는 점을 들고 싶다.

심각한 지식인들은 한류가 쌍방향의 문화 교류가 되어야 한다고 역설하지만, 한류는 상업주의에 거부감을 갖고 있지 않은 X세대가 당당한 사업 프로젝트로 추진한 것이었기에 성공할 수 있었다고 보는 게 옳을 것이다. 문화 교류에 목숨을 거는 사람은 없지만, 자신의 인생을 건 사업엔 목숨 이상의 것을 걸기도 한다는 점에서 말이다. 한류와 관련해 X세대에 대한 김민희의 주장을 요약해보자면 다음 4가지 명제로 압축할 수 있겠다.

첫째, X세대는 '두 자녀 시대'를 맞아 한국 역사상 처음으로 '자기만의 방'을 가지고 개인주의 품성을 키워나간 세대다. 둘째, X세대는 '탈이념, 탈정치'라고 하는 세계사적 변화에 발맞춰 소비주의 문화, 취향 문화, 팬덤 문화와의 친화성을 보여준 세대다. 셋째, X세대는 균형감 있는 라이프스타일을 추구하면서 권력과 연고주의에 무관심했기에 사회적 경쟁에서 권력과 연고주의에 집착한 86세대에 밀려났고, 그래서 더욱 문화 쪽으로 눈을 돌린 세대다. 넷째, X세대는 개발도상국의 감수성을 가진 86세대와 선진국 감수성을 가진 밀레니얼 세대 사이에 낀 세대로서 서로 다른 세대의 중재자 역할을 할 수 있는 세대다.[7]

40대의 독특한 정치적 성향

1970년대생의 4가지 특성 가운데 앞으론 4번째 특성이 빛을 발할 가능성이 높다. 경희대학교 미래문명원 교수 안병진은 X세대가 낀 세대라는 건 역으로 강점일 수 있다고 말한다. 그가 밝힌 이유는 이렇다.

"왜냐하면 향후 5~10년은 두 거대한 시대 사이에 끼어 있는 혼돈의 이행기라 그에 적합한 연결의 다리가 요구

되기 때문이다."8

　물론 부정적인 시각도 없진 않다. 1990년대 학번은 "86세대의 기세에 눌려 그들의 영광만 찬미하며 살았을 뿐 '자기 머리로, 자기 생각을 갖고, 자기 목소리를 내본 적이 없는' 세대"라는 의미에서 '종속된 세대'라고 보는 시각이 있다. 이에 대해 논객 봉달호는 "일견 타당하지만 지나친 폄훼다. 86세대가 유난히 유능하고 97세대(90년대 학번, 70년대 출생)가 유난히 무능하다고 말할 수 없다. 시대 조건이 각각 다르게 주어졌을 뿐이다"고 반박한다.9

　그렇다. 무능·유능의 문제가 아니라 아비투스(습속)의 문제가 아닌가 싶다. 2022년 6·1 지방선거의 출구조사(지상파 방송 3사) 결과에 따르면, 40대 남성의 63.2퍼센트가 민주당을 지지한 것으로 나타났다. 20대 남성과 정반대 성향이자 20대 여성과 더불어 민주당 지지율이 가장 높게 나타난 세대다. 이에 대해 봉달호는 "86세대라고 불리는 50대들이 민주당을 지지하는 것은 일종의 동조 현상이라고 말할 수 있지만 40대가 그러는 것은 도무지 이해할 수 없다며 고개를 갸웃하는 사람이 많다"며 그렇게 된 이유를 분석한다.

그는 1991년 5월 '분신 정국'으로 개막된 1990년대는 '상실의 시대'로 정의된다며, "현재 40대의 정치적 성향이 유독 도드라지는 이유 가운데 하나가 바로 '그때 그 사람들'에 대한 인식 때문일 것이다"며 이렇게 말한다.

"그러니까 민정-민자-신한국-새누리-국민의힘 식으로 정당의 계보를 나열하면서, '결국 우리 사회의 주류는 여전히 교체되지 않았다고 싸움은 끝나지 않았다'고 상상하는 '계속 혁명'식의 사고방식 말이다. 사실 이와 절연할 책임은 40대 스스로에게 있으나 보수 정당에도 있다."[10]

그렇긴 하지만 40대의 민주당 지지에 맹목적 성향이 농후하다는 건 부인하기 어려울 것이다. 개별적인 사건에 대해 독립적인 판단을 하는 게 아니라 민주당에 유리한가 불리한가 하는 기준에 의해 판단하는 경향이 강하기 때문이다. 서해 공무원 피살 사건에 관한 여론조사 결과가 그걸 잘 보여주고 있다.

40대의 '서해 공무원 피살 사건'에 대한 생각

뉴스토마토가 여론조사 전문기관 미디어토마토에 의뢰해 6월 28~29일에 실시한 여론조사에서 전체 응답자 중 44.7퍼센트는 "월북 조작이라는 윤석열 정부 의견에 동의함", 42.2퍼센트는 "자진 월북이라는 문재인 정부 의견에 동의함"이라고 응답했다. 그런데 연령별 조사에서 40대는 "월북 조작(26.5퍼센트)"·"자진 월북(64.6퍼센트)"이라고 답하는 맹목성 또는 특수성을 유감없이 보여주었다.[11]

이 여론조사 결과는 40대가 각 사안별로 독립적인 판단을 하겠다는 게 아니라 무슨 일이건 민주당이 원하는 건 무조건 믿고 따르는 경향이 있다는 걸 말해주는 게 아닌가? 다른 경우엔 그게 별 문제가 되지 않을 수도 있겠지만, 서해 공무원 피살 사건이 기본적인 인권 문제라는 점을 감안컨대 대단히 실망스럽다. 생각해보라. 어떻게 문재인 정권은 매우 부실한 근거만으로 북한군에게 피살당한 공무원 이대준을 '월북자'로 몰 수 있었을까? 월북자라는 딱지가 그의 가족에게 어떤 고통을 안겨줄지 전혀 생각하지 못했던 걸까?

이 사건에 가장 큰 책임이 있는 사람은 당시 대통령이었던 문재인이다. 나는 이 사건이 문재인이 종전 선언, 그리고 이후 자신이 주도해 전개하고 싶은 민족적 화해라는 큰 그림에 너무 집착했기 때문에 벌어진 '신新매카시즘'이자 국가 범죄라고 생각한다.[12] 그는 민족이라는 거대 담론과 추상적 가치에 집착했지만, 한 인간의 죽음과 그의 가족이 겪어야 할 고통과 시련엔 전혀 공감하지 못했다. 아니 둔감했고 잔인했다.

40대의 정치 성향과 관련해 국민의힘 대표 이준석이 우회적일망정 사실상의 비판을 하고 나선 게 흥미롭다. 그는 지방선거 기간 중인 5월 25일 민주당 공동 상임선대위원장 박지현의 '586 용퇴론'에 대한 기자들의 질문에 이렇게 답했다.

"586세대가 용퇴한 이후의 대안이 없는 막연한 용퇴론으로는 (민주당이) 김남국·김용민·고민정 의원의 세상이 될 것이다."[13]

김남국·김용민·고민정이 586세대보다 나을 게 전

혀 없다는 의미가 아닌가? 사실 세 사람은 그 어떤 586 못지않게 강경파다. 운동권 정치의 일선에서 맹활약했던 586 전사들에 대한 부채의식 때문인지는 몰라도 이들에게서 586의 냄새가 물씬 풍기는 건 분명한 사실이다. 김남국은 1982년생이지만, 김용민·고민정은 각각 1976년생·1979년생으로 40대 후반의 X세대가 아닌가?

그러나 이들을 X세대의 대표로 보긴 어렵다. 봉달호가 '차세대 기수'로 열거한 한동훈(1973년생), 박용진(1971년생), 윤희숙(1970년생), 김해영(1977년생)은 김남국·김용민·고민정과는 크게 다른 유형의 정치인들이니, 너무 비관적으로 생각하지 않는 게 좋겠다. 40대가 전반적으로 친민주당 성향을 보인다고 해서 문제될 것도 없거니와 그게 곧 강성 기질을 의미하는 것도 아니므로 40대를 좀더 섬세하게 살펴보는 게 좋지 않을까? 더욱 좋은 건 세대라는 굴레에 얽매이지 말고 각 개인별로 판단하는 것이다.

빠순이에 대한 집단적 배은망덕

김민희의 책을 읽으면서 마음 한구석이 뜨끔했다. 1990년 대로 시간여행을 하면서 'X세대 열풍'을 떠올린 것까진 좋았는데, 그간 그들을 잊고 있었다는 것에 대한 자책 때문이었다. 잠시 개인적인 이야기를 해보자면, 다른 사람들은 다 잊더라도 내가 그러면 안 될 일이었다. 나에게 1990년대는 30대 후반과 40대 전반의 시절이었다.

열정이 넘치던 나는 당시 대중문화 비평도 열심히 하면서 X세대에 대해 많은 글을 썼다. 책 몇 권의 분량은 되었을 게다. 그랬던 내가 X세대를 잊다니! 게다가 나는 732쪽에 이르는 『한류의 역사』라는 두툼한 책을 썼지만 1990년대의 신세대 문화만 소개하는 데에 그쳤을 뿐, X세대가 한류의 주역이었다는 중요한 사실을 제대로 밝히지 못했다. 그저 다음과 같은 수준의 '빠순이 옹호론', 아니 빠순이에 대한 집단적 배은망덕背恩忘德을 고발하는 데에만 머물렀을 뿐이다.

"빠순이 없는 대중문화를 상상이라도 해본 적이 있는

가? 얼마나 허전하고 무료할까? 빠순이는 분명 대중문화를 키우는 젖줄이다. 열정뿐만 아니라 시간과 돈까지 갖다 바침으로써 대중문화가 돌아가게 만드는 원동력 역할을 한다. 전 세계적인 '한류 열풍'이 빠순이들의 헌신이 없이 가능했겠는가? 빠순이를 폄하하려면 한류 열풍도 폄하하는 게 옳다. 그런데 어찌하여 기성세대는 한류 열풍에 대해선 자랑스럽고 뿌듯하게 생각하면서 그걸 가능케 한 원동력을 제공한 빠순이들에 대해선 그리도 눈을 흘기는가?"

나는 방탄소년단BTS을 키워낸 하이브 이사회 의장 방시혁이 3년 전 서울대학교 졸업식 축사에서 뜻밖에도 빠순이를 적극 옹호하고 나선 건 그가 1972년생으로 전형적인 X세대였기에 가능한 일이었을 거라고 믿는다. "K팝 콘텐츠를 사랑하고, 이를 세계화하는 데 일등공신 역할을 한 팬들은 지금도 '빠순이'로 비하되는 경우가 비일비재합니다. 아이돌 음악을 좋아한다고 떳떳하게 말하지도 못합니다." 그는 "엔터테인먼트 산업이 처한 상황은 상식적이지 않았고, 그것들에 분노하고 불행했다"며, "이제는 그 분노가 나의 소명이 됐다고 느낀다"고 말했다.[14]

'한류의 역사' 개정판을 낼 때에 반드시 김민희의 주장을 참고해 X세대의 역할에 대해 자세히 소개하련다. X세대는 "개성과 자유분방, 탈권위와 다양성을 존중하는 첫 시민 세대로서, 나다움을 잃지 않고 차곡차곡 실력을 쌓아온 세대"라는 김민희의 주장에 지지를 보내면서,[15] 뒤늦게나마 '한류의 주역'인 X세대에 경의를 표한다.

주

머리말 편파적 공감이 '괴물'을 만든다

1 폴 블룸(Paul Bloom), 이은진 옮김, 『공감의 배신: 아직도 공감이 선하다고 믿는 당신에게』(시공사, 2016/2019), 172쪽.
2 폴 블룸(Paul Bloom), 이은진 옮김, 『공감의 배신: 아직도 공감이 선하다고 믿는 당신에게』(시공사, 2016/2019), 24~25쪽.
3 제러미 리프킨(Jeremy Rifkin), 이경남 옮김, 『공감의 시대』(민음사, 2009/2010), 54, 558~559쪽.
4 프리츠 브라이트하우프트(Fritz Breithaupt), 두행숙 옮김, 『나도 그렇게 생각한다: 공감의 두 얼굴』(소소의책, 2017/2019), 7, 114~123, 249~253쪽.
5 프리츠 브라이트하우프트(Fritz Breithaupt), 두행숙 옮김, 『나도 그렇게 생각한다: 공감의 두 얼굴』(소소의책, 2017/2019), 23~24쪽.

제1장 왜 10대 아들들은 '페미'에 분노하는가?

1 조남주, 『82년생 김지영』(민음사, 2016), 41쪽.
2 박주희, 「모두를 위한 차별금지법」, 『한겨레』, 2022년 4월 25일.

3 김지은·이유진, 「"쌤, 페미죠?" 교실도 휩싸인 백래시」, 『한겨레』, 2021년 5월 17일.

4 이재희, 「'페미니즘 세뇌 교육은 아동학대다'」, 『연합뉴스』, 2021년 5월 18일.

5 최민우, 「"선생님, 남녀 아닌 잘한 학생을 칭찬해주세요"」, 『국민일보』, 2021년 5월 26일.

6 홍영림, 「이대남은 국민의힘, 이대녀는 민주당…대선보다 더 갈라져」, 『조선일보』, 2022년 6월 2일.

7 김준영, 「이대남 66% '김은혜' 이대녀 66% '김동연'…더 커진 젠더 격차」, 『중앙일보』, 2022년 6월 1일.

8 박권일, 「'활성 이대남' 현상」, 『한겨레』, 2022년 1월 28일.

9 박은하, 「페미니스트, 어떻게 적이 되었나」, 『경향신문』, 2015년 3월 7일.

10 원우식, 「"왜 남자만 화장실서 체육복?" 성평등 예민한 10대 교실 풍경」, 『조선일보』, 2021년 5월 1일.

11 특별취재팀, 「남고생들 "학교선 이젠 남자가 역차별…여자대학 왜 필요한가」, 『조선일보』, 2022년 5월 18일.

12 특별취재팀, 「선생님 머리가 왜 짧은 거죠?…교사들도 페미 공격에 시달린다」, 『조선일보』, 2022년 5월 18일.

13 우석훈, 『슬기로운 좌파생활: 우리, 좌파 합시다!』(오픈하우스, 2022), 6~9쪽.

14 김재련, 「세쌍둥이 중 2 아들이 물었다 "엄마, 페미야? 남자들 싫어?"」, 『중앙일보』, 2022년 2월 7일.

15 어수웅, 「"엄마도 페미야?"」, 『조선일보』, 2022년 2월 19일.

16 김미향·황보연, 「'일베 놀이' 하며 '여혐' 배우는 10대들」, 『한겨레』, 2016년 5월 25일; 최태섭, 「Digital Masculinity: 한국 남성 청(소)년과 디지털 여가」, 연세대학교 젠더연구소 편, 『그런 남자는 없다: 혐오 사회에서 한국 남성성 질문하기』(오월의봄, 2017), 319쪽; 이준행, 「대안 팩트」, 『한겨레』, 2018년 5월 21일.

17 이윤주, 「"선생님, 메갈이죠?" 20대 여교사 3명 중 2명 백래시 경험」, 『한국일보』, 2021년 9월 9일.

18 모처에 근무 중인 초등학교 교사, 「'이대남'보다 더 센 '잼민이'가 온다: 초등학교 교사의 현장 관찰기」,『불평부당』, 창간호(2022년 3월), 162~163쪽.

19 수전 팔루디(Susan Faludi), 황성원 옮김, 『백래시: 누가 페미니즘을 두려워하는가?』(아르테, 1991/2017), 45, 48~49쪽.

20 이유진, 「페미니즘, 양성평등을 반대하다」,『한겨레』, 2017년 1월 6일.

21 최문선, 「여성의 비참은 페미니즘이 충분하지 않아서다」,『한국일보』, 2017년 12월 15일.

22 조고은, 「백래시에 대한 두 가지 오해」,『한겨레』, 2022년 4월 7일.

23 김내훈, 『급진의 20대: K-포퓰리즘, 가장 위태로운 세대의』(서해문집, 2022), 45쪽.

제2장 젠더 갈등을 부추기는 성평등 국제 통계

1 변태섭, 「한국 기업 여성 이사 비율 고작 4%…중동 국가 빼면 전 세계 '꼴찌'」,『한국일보』, 2022년 2월 16일.

2 「[사설] 청와대 "집값 상승률 5.4%", 54%를 잘못 말한 것 아닌가」,『조선일보』, 2021년 8월 28일.

3 예영준, 「초보적이고 치명적인 정부의 오류」,『중앙일보』, 2021년 12월 14일.

4 최지영, 「남아 비율 높고 임금 격차 큰 탓: 한국 남녀평등 115개국 중 92위인 까닭은…」,『중앙일보』, 2006년 11월 23일, 14면.

5 박가분, 「여성계의 습관성 통계 왜곡 유감」,『불편부당』, 창간호(2022년 3월), 115~116쪽.

6 박민영, 『20대 남자, 그들이 몰려온다: 분노와 불안의 시대, 누가 그들의 힘이 되어 줄 것인가?』(아마존북스, 2021), 88~90쪽.

7 박가분, 『포비아 페미니즘』(인간사랑, 2017), 169~170쪽.

8 임인택, 「아니 그건 말이 안 돼, 한국이?」,『한겨레』, 2022년 3월 29일.

9 박민영, 『20대 남자, 그들이 몰려온다: 분노와 불안의 시대, 누가 그들의 힘이 되어 줄 것인가?』(아마존북스, 2021), 77~81쪽. 미국의

성별 임금 격차를 연구해온 하버드대학 경제학과 교수 클라우디아 골딘(Claudia Goldin)은 "미국 인구 총조사 목록에 있는 500개 직종 중 성별에 따라 발생하는 소득 격차의 3분의 2는 직종 간 요인이 아니라 직종 안 요인"이라고 말한다. 바꿔 말하면 성별 임금 격차 원인의 3분의 1은 실제 남성이 어렵고, 힘들고, 돈도 많이 버는 직업을 많이 갖기 때문에 발생한다는 것이다. 이윤주, 「남성 대비 여성의 임금 66%…'구조적 성차별' 때문일까? 아닐까?」, 『한국일보』, 2022년 3월 19일.

10 박세환, 「정말 여성은 피해자이고 남성은 수혜자인가?: 페미니즘 이념을 해체하다」, 『불편부당』, 창간호(2022년 3월), 76쪽.

11 이윤주, 「남성 대비 여성의 임금 66%…'구조적 성차별' 때문일까? 아닐까?」, 『한국일보』, 2022년 3월 19일.

12 영국 옥스퍼드대학 언어 및 커뮤니케이션 교수 데버라 캐머런(Deborah Cameron)에 따르면, 성별 임금 격차가 나타나는 이유는 여성이 동일 직종에서 남성보다 임금을 덜 받기 때문만이 아니라, 노동시장에 성별 직종 분리 현상이 폭넓게 존재하고 있기 때문이다. 여성은 임금과 지위가 낮은 일자리에 대거 포진해 있으며, "여성이 하는 일은 여성이 했다는 바로 그 이유로 저평가된다"는 것이다. 더불어 애초에 동일 직종에서 여성보다 남성에게 더 많은 보수를 지급해온 이유는 '가족 임금' 모델과 관련이 있다. 캐머런은 "남성이 '가족 임금'을 받고 아내와 자녀를 부양하는 오래된 모델은 점차 현실의 삶과 동떨어지게 됐지만, 문화적인 상상력 속에서는 여전히 위력을 발휘하고 있다"고 했다. 또한 여성들이 육아 때문에 휴직하거나 시간제로 일하는 것도 성별 임금 격차를 확대하는 요인이다. 김효진, 「대선 다음 날 포털 지식백과 검색 1위는 '페미니즘'이었다: [프레시안 books] 데버라 캐머런 『페미니즘』 강경아 옮김, 신사책방」, 『프레시안』, 2022년 3월 19일.

13 이윤주, 「남성 대비 여성의 임금 66%…'구조적 성차별' 때문일까? 아닐까?」, 『한국일보』, 2022년 3월 19일.

14 물론 60대도 다르지 않다. 연세대학교 법학전문대학원 교수 이철우는 「육대남은 이대남을 이해할 수 있을까」라는 칼럼에서 한국은 청

년의 성평등 의식이 1960대보다 낮은 유일한 나라라는 미국 퓨리서치 센터의 조사 결과를 거론하면서 이렇게 말한다. "여성에게 잘못한다는 말을 들어왔고 실제로 잘못해온 육대남이, 여성보다 우월한 지위에 있어본 적이 없다는 이대남에 비해 성평등 의식이 높다는 것은 아이러니이다. 경제성장이 부여한 기회를 실컷 누리고 여전히 길을 비켜주지 않는 자기 세대의 모습을 돌아보지 않는 육대남이 이대남의 의식과 그것의 표출을 단지 병리적 현상으로 치부한다면 문제 해결에 도움이 되지 않는 '틀딱꼰대'의 횡포가 될 뿐이다." 이철우, 「육대남은 이대남을 이해할 수 있을까」, 『한국일보』, 2022년 1월 19일.

15　김하나, 「"페미보다 더 싫다"…이대남, 왜 '스윗남페미'에 화가 났을까」, 『데일리안』, 2022년 3월 28일.

16　박민영, 『20대 남자, 그들이 몰려온다: 분노와 불안의 시대, 누가 그들의 힘이 되어 줄 것인가?』(아마존북스, 2021), 85쪽.

17　모래여우, 「차기 정부에서 젠더 갈등이 해소되려면-문제의 핵심은 청년 남성에 대한 문화적·정신적 억압이다」, 『불편부당』, 창간호 (2022년 3월), 39~40쪽.

제3장　'상징 투쟁'에 소환된 '김지영'과 '여성가족부'

1　볼프강 쉬벨부시(Wolfgang Schivelbusch), 차문석 옮김, 『뉴딜, 세 편의 드라마: 루스벨트의 뉴딜·무솔리니의 파시즘·히틀러의 나치즘』(지식의풍경, 2006/2009), 115쪽.

2　볼프강 쉬벨부시(Wolfgang Schivelbusch), 차문석 옮김, 『뉴딜, 세 편의 드라마: 루스벨트의 뉴딜·무솔리니의 파시즘·히틀러의 나치즘』(지식의풍경, 2006/2009), 115쪽.

3　로버트 그린(Robert Greene), 안진환·이수경 옮김, 『인간 욕망의 법칙』(웅진지식하우스, 1998/2021), 44쪽.

4　데이비드 아커(David A. Aaker), 이상민 옮김, 『브랜드 자산의 전략적 경영』(비즈니스북스, 1991/2006), 315쪽.

5 제레미 홀든(Jeremy D. Holden), 이경식 옮김, 『팬덤의 경제학: 약자가 강자를 이기는 새로운 게임의 법칙』(책읽는수요일, 2012/2013), 271~272쪽.

6 잭 바바렛(Jack Barbalet) 엮음, 박형신 옮김, 『감정과 사회학』(이학사, 2002/2009), 40쪽.

7 2018년 3월 27일 민주노총 성명서에 따르면, "82년생 김지영을 읽고 감동 받았다는 이유로 여성 아이돌 아이린은 사상 검증을 받고 있다". 구자윤, 「민주노총 "페미니스트 사상 검증·전향 강요 중단해야"」, 『파이낸셜뉴스』, 2018년 3월 27일.

8 특별취재팀, 「'페미 서적' 판매량, 3년 전부터 감소세로 돌아서」, 『조선일보』, 2022년 5월 25일.

9 김민희, 『다정한 개인주의자: K-컬처를 다진 조용한 실력자 X세대를 위하여』(메디치, 2022), 199~200쪽.

10 '실체 없는 억울함'이란 표현은 이대녀 신민주의 다음 주장에서 가져온 것이다. "나는 과연 청년 남성의 실체 없는 억울함에 공감만 해주는 것이 무엇을 바꿀 수 있는지 의심스럽다. 페미니스트들이 일자리를 빼앗고, 남성을 군대에 보냈으며, 사회가 여성만 배려하고 있다는 허황된 주장에 힘을 얹어줄수록 정치인들은 진짜 문제를 감출 수 있었다. 원래 부족했던 일자리와 군대 내 가혹 행위, 돈 많은 부모를 만나지 못하면 아무리 '노오력'해도 성공할 수 없는 불공정한 시스템은 희석된 채 찾을 수 없게 됐다. 손 안 대고 코 풀고 있는 사람이 누군인지 안다면, 이대남도 안티 페미 선동에 쉽게 웃을 수 없을 것이다." 신민주, 「내 이름은 민지가 아닌다」, 신민주·노서영·로라, 『판을 까는 여자들: 환멸나는 세상을 뒤집을 '이대녀'들의 목소리』(한겨레출판, 2022), 48~49쪽.

11 모래여우, 「차기 정부에서 젠더 갈등이 해소되려면-문제의 핵심은 청년 남성에 대한 문화적·정신적 억압이다」, 『불편부당』, 창간호 (2022년 3월), 39쪽.

12 김은빈, 「딱 한 줄 쓴 윤석열 "여성가족부 폐지"…40분 만에 댓글 1,000개」, 『중앙일보』, 2022년 1월 7일.

13 『중앙일보』 기자 양성희가 잘 지적했듯이, "제 역할 못 하는 여가부

의 리셋 필요성에 대해서는 여성계 내부에도 공감이 많았으나 이게 정치 슬로건이 되면서 제대로 논의되지 못한 측면이 있다". 양성희, 「성별 갈라치기, 승자는 없었다」, 『중앙일보』, 2022년 3월 16일.

14   박은주, 「이수정 "尹, 여가부 폐지가 첫 마음 아니었다…캠프서 보수 표 노려 강한 메시지」, 『조선일보』, 2022년 3월 15일.

15   조고은, 「다시 한번 여성을 위한 선거를!」, 『한겨레』, 2022년 4월 12일.

16   김잔디, 「"피해 호소인" 야만적 2차 가해…이런 민주당 찍을 수 없었다」, 『중앙일보』, 2022년 3월 15일.

17   김명진, 「"같은 편 성범죄 침묵, 여가부 존재 의미 상실" 47개 여성단체 성명」, 『조선일보』, 2022년 3월 14일.

18   임명묵, 「'여성가족부 폐지' 일곱 글자가 부린 마법」, 『시사저널』, 2022년 2월 6일.

19   전혼잎, 「이대남 거부하는 남성들 "여가부 없앤다고 내 문제 해결되나」, 『한국일보』, 2022년 2월 9일.

20   김재련, 「[댓글 읽어드립니다] "이재명엔 왜 말 없냐"…김재련 "개딸 아빠? 전 불편하네요"」, 『중앙일보』, 2022년 4월 2일.

21   정여근, 『20대 남자, 이대남은 지금 불편하다: 대한민국에서 살아가는 20대 남성들의 현타 보고서』(애플북스, 2021), 112~113쪽.

22   정여근, 『20대 남자, 이대남은 지금 불편하다: 대한민국에서 살아가는 20대 남성들의 현타 보고서』(애플북스, 2021), 113~115쪽.

제4장   여성은 비참하게 보일수록 좋은가?

1   '사회적 증거'는 이젠 상식으로 통할 정도로 많은 분야에서 활용되고 있다. "천만 명이나 쓰는 카드가 있대요. 괜히 천만이겠어요"라거나 "그거 아직도 몰라요?"라고 묻고 "나만 모르고 있었네!"라고 답하게 하는 광고가 바로 이 원리를 이용한 것이다. 강준만, 「왜 좋은 뜻으로 한 사회 고발이 역효과를 낳을 수 있는가?: 사회적 증거」, 『생각의 문법: 세상을 꿰뚫는 50가지 이론 3』(인물과사상사, 2015), 33~38쪽; 강준만, 「왜 '스카이캐슬'은 경멸보다는 동경의 대상이

되었는가?: 사회적 증거」, 『습관의 문법: 세상을 꿰뚫는 이론 7』(인 물과사상사, 2019), 148~154쪽 참고.

2   이선옥, 『단단한 개인: 누구의 편도 아닌 자리에서』(필로소픽, 2020), 42~55쪽.

3   2015년 세계 여성의 날(3월 8일)을 전후해 소셜네트워크서비스 (SNS)상에서 '맨스플레인(mansplain)'이라는 단어가 한동안 화제 에 올랐다. mansplain은 미국 작가 리베카 솔닛(Rebecca Solnit)이 2014년에 출간한 『남자들은 자꾸 나를 가르치려 든다(Men Explain Things to Me)』를 통해 널리 유행된 말이다. mansplain은 '남자 (man)'와 '설명하다(explain)'가 결합한 조어로, 남자들이 무턱대고 여자들에게 아는 척 설명하려 드는 현상을 가리키는 말이다. 솔닛 은 2008년 3월 어느 날 저녁을 먹다가 예전에도 자주 그랬던 것처 럼 "남자들은 자꾸 나를 가르치려 든다"라는 제목으로 글을 써야겠 다는 농담을 꺼냈다고 한다. 그렇게 느꼈던 여성이 많았던가 보다. 꼭 그 글을 써야 한다고 다그치는 친구들의 성화로, 솔닛의 생각은 농담이 아닌 현실이 되었다. 솔닛이 그 제목으로 써서 발표한 글은 여성들의 심금을 건드리면서 폭발적인 반응을 얻었고, 누군가에 의 해 mansplain이라는 단어가 만들어지고 널리 유통되었다. 이 단어 는 2010년 『뉴욕타임스』가 선정한 올해의 단어 리스트에 올랐으며, 2014년 호주에서 '올해의 단어'로 뽑혔다. 리베카 솔닛(Rebecca Solnit), 김명남 옮김, 『남자들은 자꾸 나를 가르치려 든다』(창비, 2014/2015), 25~29쪽.

4   나임윤경, 「이성애 연대와 친밀성, 드라마처럼 안 되는 이유」, 한국 여성연구소 엮음, 『젠더와 사회: 15개의 시선으로 읽는 여성과 남 성』(동녘, 2014), 263쪽.

5   박은하, 「페미니스트, 어떻게 적이 되었나」, 『경향신문』, 2015년 3월 7일.

6   정승임, 「'이준석 바람' 이끈 '이남자 현상'은 과대포장됐다」, 『한국 일보』, 2021년 6월 14일.

7   특별취재팀, 「여성학 수업 들으면 '페미'로 낙인…관련 강의 16년 새 절반 줄어」, 『조선일보』, 2022년 5월 25일.

8   특별취재팀, 「페미니스트 자처하는 남성들 "우리를 '이대남'으로 묶지 말라"」, 『조선일보』, 2022년 5월 25일.

9   양성희, 「한국형 여혐의 출발…페미니즘은 어쩌다 공공의 적이 되었나」, 『중앙일보』, 2022년 2월 24일.

10   장덕진, 「한국인, 마음의 변화를 읽어라」, 『경향신문』, 2022년 6월 28일.

11   최종숙, 「'20대 남성 현상' 다시 보기: 20대와 3040세대의 이념 성향과 젠더 의식 비교를 중심으로」, 『경제와사회』, 125호(2020년 3월), 189~224쪽.

12   이정봉, 「성평등 좋은데 페미는 싫다? 외신들이 심해생물 보듯 뜯어보는 '한국 이대남'」, 『중앙일보』, 2022년 2월 16일.

13   박원익·조윤호, 『공정하지 않다: 90년대생들이 정말 원하는 것』(지와인, 2019), 91쪽.

14   박원익·조윤호, 『공정하지 않다: 90년대생들이 정말 원하는 것』(지와인, 2019), 149~151쪽.

15   박원익·조윤호, 『공정하지 않다: 90년대생들이 정말 원하는 것』(지와인, 2019), 97, 100~102쪽.

16   박원익·조윤호, 『공정하지 않다: 90년대생들이 정말 원하는 것』(지와인, 2019), 129쪽.

17   정여근, 『20대 남자, 이대남은 지금 불편하다: 대한민국에서 살아가는 20대 남성들의 현타 보고서』(애플북스, 2021), 22~23쪽.

18   전종휘, 「지방공무원 절반 여성인데 5급 이상선 '남성의 3분의 1'」, 『한겨레』, 2022년 7월 1일 13면.

19   장강호, 「지방직 7급 공채 합격자 중 53.2%가 여성…역대 최고」, 『한국경제』, 2022년 6월 30일.

20   박선영, 「잇따른 여성 혐오 발언으로 주목받는 맨스플레인」, 『한국일보』, 2015년 5월 6일.

1 김기훈, 「국민 71% "젠더 갈등 심각"…48% "새 정부 성평등 정책 못할 것"」, 『연합뉴스』, 2022년 4월 20일.

2 김윤덕, 「국민 67% "젠더 갈등 심각"…한국 남녀, 왜 서로에게 분노하나」, 『조선일보』, 2022년 5월 6일.

3 김경필, 「2번남·1번녀…온라인 커뮤니티가 남녀 혐오 증폭」, 『조선일보』, 2022년 5월 19일.

4 김기훈, 「국민 71% "젠더 갈등 심각"…48% "새 정부 성평등 정책 못할 것"」, 『연합뉴스』, 2022년 4월 20일.

5 이동수, 『캐스팅 보트: MZ세대는 어떻게 정치를 움직이는가』(메이드인, 2022), 68~69, 121쪽.

6 이동수, 『캐스팅 보트: MZ세대는 어떻게 정치를 움직이는가』(메이드인, 2022), 118, 122쪽. 미디어문화 연구자 김내훈은 사이버 렉카의 해악에 대해 이렇게 말한다. "남의 콘텐츠를 가져다가 조회수 장사로 도용하는 사이버 렉카는 오래전 과거 웹상에서 한두 차례 소란이나 열광을 일으켰던 유머 콘텐츠나 목격담, 경험담 등을 다시 건져 올려 요즘 일어난 일로 둔갑시켜 네티즌들로부터 또 한 차례의 반응을 유도한다. 이것이 단순히 '뒷북 유머' 게재에 머무른다면 문제랄 것도 없지만, 몇 해 전 사건을 채굴해서 최신 화제인 것처럼 눈속임하는 '이슈팔이'가 사회에 끼치는 해악은 매우 크다. 이미 해명됐거나 해결된 이슈와 갈등이 현재진행형인 것으로 알려지면서 불필요한 갈등이 다시 발생하고, 이에 따라 때 아닌 논쟁과 팩트 체크를 반복해야 해서 불필요한 비용이 발생한다." 김내훈, 「포켓몬빵 열풍의 역설…"미래가 서서히 중단되고 있어서"」, 『한겨레』, 2022년 3월 19일.

7 양성희, 「[양성희의 퍼스펙티브] "우린 유튜브만 믿는다" 주목 경쟁의 파국」, 『중앙일보』, 2021년 6월 3일.

8 손희정, 「타인의 비극을 에너지로 삼는 사이버 렉카 시대: 알고리즘 살인, #유튜브도_공범이다」, 『신문과방송』, 615호(2022년 3월), 91쪽. 이혜미는 '혐오가 돈이 되는 메커니즘'에 대해 이렇게 말한다.

"뻐가, 가로세로연구소, 신남성연대 등 이른바 '사이버 렉카(온라인 이슈를 실어 나르며 조회수를 올리는 이슈 유튜버)'가 특정 대상을 지정해 저격합니다. 말도 안 되는 억측이지만, 유사 언론 혹은 분별 없는 언론이 이를 받아쓰면서 대중에 전파합니다. 기사와 주장은 캡처돼 커뮤니티에 나돕니다. 이따금 해명할 가치가 없는 것은 해명하지 않는 것 또한 하나의 답이지만 대중들의 '피드백 요구'가 들이닥칩니다. 등쌀에 떠밀려 해명을 해도 문제입니다. 조사 하나, 시선 처리 하나, 단어 하나를 놓고 논란이 확산하며 또다시 사이버 렉카들은 이를 두고 '후속편'을 만들기 때문입니다. 조회수와 멤버십으로 버는 수익은 누군가를 저격하고 음해할수록 배가됩니다." 이혜미, 「'사이버 렉카'에 끌려다니는 한국」, 『한국일보』, 2022년 2월 19일.

9   박수진·조을선·장선이·신정은, 『기자들, 유튜브에 뛰어들다: 지상파 기자들의 뉴미디어 생존기』(인물과사상사, 2022), 215쪽.

10   강준만, 「왜 멀쩡한 사람도 예비군복을 입으면 태도가 불량해지는가?: 몰개성화」, 『생각과 착각: 세상을 꿰뚫는 50가지 이론 5』(인물과사상사, 2016), 217~223쪽 참고.

11   황형준, 「멀쩡한 사람도 예비군복만 입으면…」, 『동아일보』, 2015년 6월 18일.

12   김수아, 「'이대남'과 반페미니즘 담론: '메갈 손가락 기호' 논란을 중심으로」, 『여성문학연구』, 53호(2021년 8월), 443~475쪽.

13   「김어준 "미투, 공작의 관점서 보면"…금태섭 "진보 성폭력 감춰야 하나?"」, 『서울신문』, 2018년 2월 25일.

14   문소영, 「윤석열 택한 20대 여성 34%, '왜 뽑았나' 물어보니…: 젠더 갈라치기 선거 캠페인의 실패」, 『중앙일보』, 2022년 3월 25일.

15   조해람·이홍근·한수빈, 「"페미들은 우리 못 이겨" 좌표 찍고 몰려가 공격 '댓글부대' 있다」, 『경향신문』, 2021년 8월 10일.

16   김재련, 「세쌍둥이 중 2 아들이 물었다 "엄마, 페미야? 남자들 싫어?"」, 『중앙일보』, 2022년 2월 7일.

17   조해람·이홍근·한수빈, 「"페미들은 우리 못 이겨" 좌표 찍고 몰려가 공격 '댓글부대' 있다」, 『경향신문』, 2021년 8월 10일.

18   특별취재팀, 「선생님 머리가 왜 짧은 거죠?…교사들도 페미 공격에

시달린다」, 『조선일보』, 2022년 5월 18일.

19   특별취재팀, 「선생님 머리가 왜 짧은 거죠?… 교사들도 페미 공격에 시달린다」, 『조선일보』, 2022년 5월 18일.

20   노지민, 「유튜브 뉴스·시사 콘텐츠 누가 얼마나 많이 보나」, 『미디어오늘』, 2021년 8월 6일.

21   박원호, 「고등학생 K군의 첫 선거」, 『경향신문』, 2022년 6월 28일.

22   남인숙, 「팬데믹이 낳은 괴물 '남혐' '여혐', 만남으로 풀자」, 『시사저널』, 2022년 6월 9일.

제6장 왜 '개딸'들은 페미니즘을 외면할까?

1   이창환, 「이재명 "'개딸' 현상, 세계사적 의미 있는 새 정치 행태"」, 『뉴시스』, 2022년 5월 14일.

2   김은빈, 「진중권 "李, '개딸'이 세계사적 의미? 과대망상도 아니고"」, 『중앙일보』, 2022년 5월 16일.

3   김준영, 「개딸도 모르는 개딸…이재명 측 일각 "도움 되지만 불안"」, 『중앙일보』, 2022년 6월 8일.

4   권준영, 「황교익 폭탄 발언 "'개딸'을 단지 '이재명 팬덤'으로 규정하는 건 바르지 않아"」, 『디지털타임스』, 2022년 6월 11일.

5   조윤영, 「'검찰 개혁' 팔 걷은 '개혁의 딸'의 정치 반란」, 『한겨레』, 2022년 4월 14일.

6   임명묵, 「'재명 아빠'와 '개딸', 정치 팬덤은 어떻게 만들어지는가」, 『시사저널』, 2022년 4월 10일.

7   조윤영, 「'검찰 개혁' 팔 걷은 '개혁의 딸'의 정치 반란」, 『한겨레』, 2022년 4월 14일.

8   민주당사 앞엔 "앞만 보고 달려. 뒤는 개딸들이 맡는다" 등의 리본이 달린 화환이 등장했는데, 이는 개딸들이 최강욱을 격려하는 동시에 민주당 지도부에 경고를 하기 위한 것이었다. 정용관, 「팬덤 정치, 그 치명적 유혹」, 『동아일보』, 2022년 5월 20일.

9   김준영, 「개딸도 모르는 개딸…이재명 측 일각 "도움 되지만 불안"」,

『중앙일보』, 2022년 6월 8일.

10 특별취재팀, 「일부 영페미, 평등 외치며 성소수자 배척…유리한 것만 취하는 '뷔페미니즘' 논란」, 『조선일보』, 2022년 5월 25일.

11 정도원, 「'개주머니'냐, '개딸'이냐…이재명 맹목 지지층 실체는」, 『데일리안』, 2022년 6월 27일.

12 정도원, 「'개주머니'냐, '개딸'이냐…이재명 맹목 지지층 실체는」, 『데일리안』, 2022년 6월 27일.

13 김준영, 「[단독 인터뷰] "이재명 욕설은 왜곡, 박지현이 선거 망쳐"…내가 개딸이다」, 『중앙일보』, 2022년 6월 9일.

14 윤지원, 「'개딸'에 저격 의원 좌표 던진다…전대 과제 된 '처럼회 폭주'」, 『중앙일보』, 2022년 6월 13일.

15 임명묵은 개딸이 이재명을 '아빠'라고 칭하면서, 자신이 보낸 채팅에 좋아요(하트)와 답장을 받았다며 공유하는 문화는 최근 등장한 아이돌 소통 앱인 '버블'과 놀랍도록 똑같다고 했다. 임명묵, 「'재명 아빠'와 '개딸', 정치 팬덤은 어떻게 만들어지는가」, 『시사저널』, 2022년 4월 10일.

16 예컨대, 민주당 비상대책위원 이소영은 4월 11일 "우리가 추진하는 검찰 개혁의 명분과 내용이 아무리 좋더라도, 국민들이 동의하고 공감할 수 있는 모습일 때에만 실제 사회 변화와 제도 안착으로 나아갈 수 있다"고 이야기했다가 개딸들에게 '배신자'로 낙인이 찍히기도 했다. 이재명을 지키는 일에 조금이라도 어긋나거나 유화적인 것은 규탄의 대상이었다. 조윤영, 「'검찰 개혁' 팔 걷은 '개혁의 딸'의 정치 반란」, 『한겨레』, 2022년 4월 14일.

17 윤지원, 「李 '개딸'들 나섰다…18원→1,004원 달라진 조응천 후원금 왜」, 『중앙일보』, 2022년 3월 23일.

18 민주당 사정을 잘 아는 익명의 내부 관계자, 「왜 민주당은 페미니즘을 '손절'하지 못하나」, 『불편부당』, 창간호(2022년 3월), 47쪽.

19 특별취재팀, 「여성 단체도 정치권·공직 진출 통로로 변질 논란」, 『조선일보』, 2022년 5월 28일.

20 민주당 사정을 잘 아는 익명의 내부 관계자, 「왜 민주당은 페미니즘을 '손절'하지 못하나」, 『불편부당』, 창간호(2022년 3월), 49쪽.

21   강정인·정승현,「동서양의 정치적 현실주의: 한비자와 마키아벨리」,
『사회과학연구』, 22권 1호(2014년), 32~71쪽.

22   이삼성,「전후 국제정치 이론의 전개와 국제 환경: 현실주의-자유
주의 균형의 맥락적 민감성」,『국제정치논총』, 36권 3호(1997년),
3~59쪽.

23   김일수,「외교 정책 연구의 이론화: 지속성과 변화」,『사회과학연
구』, 32권 2호(2015년), 149~171쪽.

24   양준희·박건영,「신고전적 현실주의(Neoclassical Realism) 비판」,
『국제정치논총』, 51권 3호(2011년), 7~26쪽.

제7장 복합 쇼핑몰은 '광주 정신'을 훼손하는가?

1   이는 다음 기사에 달린 댓글이다. 정용준,「내가 만약 시장이라면」,
『전북일보』, 2017년 11월 6일.

2   이는 다음 기사에 달린 댓글이다. 원도연,「전주를 전주답게, 서울을
서울답게」,『전북일보』, 2017년 11월 13일.

3   이상 3개의 주장은 다음 기사에 달린 댓글이다. 정용준,「내가 만약
시장이라면 2」,『전북일보』, 2017년 12월 4일.

4   그대로 다 믿을 건 아니지만, 가장 최근의 조사로 대한상공회의소
(대한상의)가 6월 15일 발표한 '대형마트에 대한 소비자 인식 조
사'를 들 수 있겠다. 조사 결과에 따르면 대형마트 영업 규제에 대
해 67.8퍼센트는 규제 완화가 필요하다고 답했다. 현행 유지와 규
제 강화 의견은 각각 29.3퍼센트와 2.9퍼센트로 집계되었다. 대형
마트 영업 규제가 전통시장·골목상권 활성화에 효과가 있었느냐는
질문에는 응답자의 48.5퍼센트가 '효과가 없었다'고 답변했다. '효
과 있었다'는 답변은 34퍼센트, '모름'이라 답한 이들은 17.5퍼센트
였다. 이용하던 대형마트가 의무 휴업이라는 것을 알았을 때의 실
제 구매 행동으로는 '대형마트가 아닌 다른 채널 이용'(49.4퍼센트),
'문 여는 날에 맞춰 대형마트 방문'(33.5퍼센트) 의견이 대다수를 차
지했다. '당일 전통시장에서 장을 본다'는 의견은 16.2퍼센트에 그

쳤다. 대한상의는 대형마트 의무 휴업에 따른 전통시장으로 구매 수요 이전 효과는 크지 않은 것으로 나타났다고 설명했다. 대형마트 영업 규제의 반사 이익은 규모가 큰 중소 유통업체와 온라인 쇼핑 등이 누리고 있는 것으로 조사되었다. 대형마트 의무 휴업 시 '다른 채널을 이용한다고 응답한 소비자들은 '중규모 슈퍼마켓·식자재마트'(52.2퍼센트), '온라인 쇼핑'(24.5퍼센트), '동네 슈퍼마켓·마트'(20.6퍼센트) 등을 이용한다고 답했다. 오문영, 「"여보, 오늘 마트 안 열어…내일 가자" 10년 지나도 전통시장 안 간다」, 『머니투데이』, 2022년 6월 14일.

5   김명진, 「윤석열 "왜 광주에만 복합 쇼핑몰 없나…민주당이 반대해와"」, 『조선일보』, 2022년 2월 16일.

6   김경필·김은중, 「'광주 복합 쇼핑몰 유치' 尹 공약에 난감한 여당」, 『조선일보』, 2022년 2월 18일.

7   이가영, 「"한국 6대 도시 맞나" vs "지역 도움 안 돼"…광주 쇼핑몰 공약, 온라인 싸움 났다」, 『조선일보』, 2022년 2월 17일; 김명일, 「與, 광주 복합 쇼핑몰 반대했다 역풍…이준석 "호남 목표치 상향"」, 『조선일보』, 2022년 2월 18일.

8   김명일, 「정의당 前 대표 "광주, 복합 쇼핑몰 없어도 5일장이 세 개나 있다"」, 『조선일보』, 2022년 2월 18일.

9   이혜원, 「與 "가난한 사람 명품 차면 부자 되나" vs 野 "광주 비하"…'광주 쇼핑몰' 점입가경」, 『동아일보』, 2022년 2월 18일; 고희동, 「'광주 복합 쇼핑몰' 논란…소상공인 반발 속 주민들은 찬성 기류」, 『TV조선 뉴스9』, 2022년 2월 18일.

10   조의준, 「尹의 광주 쇼핑몰 공약에…이재명 "편 가르기 극우 포퓰리즘"」, 『조선일보』, 2022년 2월 18일.

11   손덕호, 「與 조오섭, '광주 복합 쇼핑몰 유치' 내건 이준석에 "일베"」, 『조선비즈』, 2022년 2월 23일.

12   이현주, 「이준석 "광주 복합 쇼핑몰 담론, 카르텔화된 토착 정치와 싸우는 고지"」, 『아시아경제』, 2022년 2월 24일.

13   고석현, 「이준석 "쇼핑몰에 '광주 정신' 말한 민주당, 오히려 영령 욕보인 것"」, 『중앙일보』, 2022년 2월 22일.

14 남정미, 「"봄 오는 것 못 막듯…보수 후보 최다 득표율은 호남 민심 바뀌는 신호"」, 『조선일보』, 2022년 3월 19일.

15 손덕호, 「광주 시민이 꼽은 현안 2위 복합 쇼핑몰…"고등학생도 윤석열 지지"」, 『조선비즈』, 2022년 4월 4일.

16 배상현, 「장연주 "무등산 개발·대기업 복합 쇼핑몰 유치 철회해야"」, 『뉴시스』, 2022년 3월 30일; 손상원, 「광주시 민관협치협의회, 복합 쇼핑몰 유치 공론화 방안 논의」, 『연합뉴스』, 2022년 4월 8일.

17 어느 29세 광주 청년은 "'광주 정신을 살려 복합 쇼핑몰이 아닌 명품 재래시장을 만들겠다'는 이재명 민주당 후보의 공약에 어이가 없었다. 5·18과 광주 정신이면 광주는 다 된다는 듯한 민주당의 접근법에 화가 났다"고 했다. 또 다른 29세 청년은 "그 어떤 시장 논리도 5·18로 상징되는 '광주 정신' 앞에서 무력화되는 현실이 답답한 것이 사실"이라고 했다. 킹핀정책리서치 대표 오승용은 "(이재명의) 발언은 첨단 전기차를 원하는 사람한테 '명품 달구지'를 사주겠다고 한 셈이었고 청년층을 중심으로 역풍이 거셌다"고 했다. 김신영, 「"광주엔 코스트코도 스타필드도 없어…대전까지 원정 쇼핑 갑니다": 민주당 독점 '광주의 그림자'」, 『조선일보』, 2022년 3월 25일.

18 박태인·윤지원, 「尹이 쏘아올린 '복합 쇼핑몰'…"알량하다"던 與 이젠 "논의 중"」, 『중앙일보』, 2022년 2월 18일.

19 임명묵, 「지역 청년들은 왜 복합 쇼핑몰을 꿈꾸는가」, 『시사저널』, 2022년 2월 27일.

20 김은영, 「[광주 상권 지금] ② 애물단지 된 폴리·ACC…예향의 도시 '노잼' 전락 까닭은」, 『조선일보』, 2022년 5월 10일.

21 임명묵, 「지역 청년들은 왜 복합 쇼핑몰을 꿈꾸는가」, 『시사저널』, 2022년 2월 27일.

22 이현승, 「[팬덤과 소비 혁명] '골목길 경제학자' 모종린 교수 "동네다움 갖춘 로컬 브랜드, 대기업도 못 이겨"」, 『조선일보』, 2022년 3월 23일.

23 홍다영, 「'골목길 경제학자' 모종린 교수 인수위 합류, 윤석열표 '광주 복합 쇼핑몰' 윤곽」, 『조선비즈』, 2022년 4월 10일.

1 　버트런드 러셀(Bertrand Russell), 송은경 옮김, 『인간과 그밖의 것
　　들』(오늘의책, 1975/2005), 41~42쪽.

2 　움베르토 에코(Umberto Eco), 박종대 옮김, 「늙은이들이 살아남
　　는 방법」, 『미친 세상을 이해하는 척하는 방법』(열린책들, 2016/
　　2021), 53~54쪽.

3 　박해현, 「[만물상] '노인 암살단'」, 『조선일보』, 2012년 12월 25일.

4 　손진석, 「이탈리아 집권당 창립자 "노인 투표권 박탈하자"」, 『조선일
　　보』, 2019년 10월 21일, A18면.

5 　손효주, 「황동혁 감독 "차기작은 '노인 죽이기 클럽'…오겜보다 더
　　폭력적"」, 『동아일보』, 2022년 4월 5일.

6 　전상진, 『세대 게임: '세대 프레임'을 넘어서』(문학과지성사, 2018),
　　93쪽.

7 　제러미 리프킨(Jeremy Rifkin), 이원기 옮김, 『유러피언 드림: 아메
　　리칸 드림의 몰락과 세계의 미래』(민음사, 2004/2005), 328쪽; 박
　　종훈, 『지상최대의 경제 사기극, 세대 전쟁』(21세기북스, 2013),
　　292쪽.

8 　베르나드 스피츠(Bernard Spitz), 박은태·장유경 옮김, 『세대 간의
　　전쟁』(경연사, 2009), 16, 26~27쪽. 세대 전쟁은 주로 세대 간 경
　　제적 갈등 또는 계급 전쟁과 관련된 의미로 쓰이지만, 세대 간 가
　　치관의 차이로 인해 빚어지는 정치적 갈등의 의미로 쓰이기도 한
　　다. 예컨대, 이런 식으로 말이다. "나는 2002년 대선이 세대전(war
　　of generation)이었다는 견해에 동의하고, 2030의 세대적 감성
　　과 문화적 욕망이 담론 세계의 주도권을 장악하고 양강(兩强) 구도
　　의 균형을 깨뜨렸다는 견해에 동의한다.……2030은 자신들의 세대
　　적 문화 의식을 노무현이라는 상징에 결합시키는 데에 성공한 것이
　　다.……2030의 자유로운 사고와 행보를 결박하고 있는 단단한 전통
　　의 껍질을, 무엇보다도 아버지로 집약되는 5060의 허위와 구태의연
　　함을 격파하고, 그들을 대신해서 싸워주기를 기대하는 것이다." 송
　　호근, 『한국, 무슨 일이 일어나고 있나: 세대, 그 갈등과 조화의 미

학』(삼성경제연구소, 2003), 38, 41쪽.

9   로런스 코틀리코프(Laurence J. Kotlikoff) · 스콧 번스(Scott Burns), 정명진 옮김, 『세대 충돌』(부글북스, 2012), 60, 63, 186쪽.

10 이성희, 「'탈서울' 절반, 2030…탈출 아니라 '탈락'」, 『경향신문』, 2022년 4월 7일.

11 이송렬, 「文 정부 집값 양극화 심화…서울 · 지방 아파트값 격차 '10억 원'」, 『한경닷컴』, 2022년 4월 13일.

12 성호철, 「65세 이상 취업률, 한국 '씁쓸한 1위'…돈 없어 은퇴 못한 다」, 『조선일보』, 2022년 6월 28일.

13 석경민, 「본적 없는 혐오 판친다…요즘 "틀딱" "잼민"이 말 폭증한 이유」, 『중앙일보』, 2022년 6월 27일.

14 신성식 외, 「"노인 오면 장사 안 된다" "뭐하러 나다니냐" 노인 차별 사회」, 『중앙일보』, 2017년 11월 27일.

15 한삼희, 「2Y2R 세대」, 『조선일보』, 2018년 3월 19일.

16 신성식 외, 「"노인 오면 장사 안 된다" "뭐하러 나다니냐" 노인 차별 사회」, 『중앙일보』, 2017년 11월 27일.

17 박지민 · 신현지, 「스쿨존은 칼같이 관리…보행 사망 59% 어르신인데 실버존은 방치」, 『조선일보』, 2022년 6월 6일.

18 데이비드 로웬덜(David Lowenthal), 김종원 · 한명숙 옮김, 『과거는 낯선 나라다』(개마고원, 1985/2006), 322쪽.

제9장 '한류의 주역' X세대에 경의를 표한다

1   김민희, 『다정한 개인주의자: K-컬처를 다진 조용한 실력자 X세대를 위하여』(메디치, 2022), 84~88쪽.

2   맬컴 글래드웰(Malcolm Gladwell), 노정태 옮김, 『아웃라이어』(김영사, 2008/2009), 74쪽.

3   맬컴 글래드웰(Malcolm Gladwell), 노정태 옮김, 『아웃라이어』(김영사, 2008/2009), 80~85쪽.

4   목정민, 「서울 공대 86학번 3인방 '인터넷 지배'」, 『경향신문』, 2014년

5월 29일.

5 『세계일보』, 1993년 8월 28일.

6 정의길, 「청소년 '연예인 신드롬' 열병」, 『한겨레신문』, 1993년 8월 30일, 5면.

7 김민희, 『다정한 개인주의자: K-컬처를 다진 조용한 실력자 X세대를 위하여』(메디치, 2022), 100~124쪽.

8 안병진, 「두 야당의 '낀 세대' 당 대표를 꿈꾸며」, 『중앙일보』, 2022년 6월 28일.

9 봉달호, 「40대는 어쩌다 '갈라파고스 세대' 됐나: 1991년 5월 분신 정국과 지독한 '상실의 시대'」, 『신동아』, 2022년 7월호, 143쪽.

10 봉달호, 「40대는 어쩌다 '갈라파고스 세대' 됐나: 1991년 5월 분신 정국과 지독한 '상실의 시대'」, 『신동아』, 2022년 7월호, 142쪽.

11 권혜미, 「北 공무원 피살, "월북 조작" 44.7% vs "자진 월북" 42.2% 여론조사」, 『이데일리』, 2022년 7월 1일.

12 강준만, 「문재인의 신(新)매카시즘」, 『시사저널』, 2022년 7월 1일.

13 이가현, 「이준석 "586 빠진 민주당, 고민정·김남국·김용민 세상"」, 『국민일보』, 2022년 5월 25일.

14 송진식, 「BTS 열풍에 부쳐」, 『경향신문』, 2019년 5월 9일; 김다영·임성빈, 「방탄소년단 아버지 "남이 만들어놓은 꿈을 거부하라"」, 『중앙일보』, 2019년 2월 27일.

15 김민희, 『다정한 개인주의자: K-컬처를 다진 조용한 실력자 X세대를 위하여』(메디치, 2022), 261쪽.

엄마도
페미야?

ⓒ 강준만, 2022

초판 1쇄 2022년 8월 8일 찍음
초판 1쇄 2022년 8월 12일 펴냄

지은이 | 강준만
펴낸이 | 강준우
기획·편집 | 박상문, 김슬기
디자인 | 최진영
마케팅 | 이태준
관리 | 최수향
인쇄·제본 | (주)삼신문화

펴낸곳 | 인물과사상사
출판등록 | 제17-204호 1998년 3월 11일

주소 | (04037) 서울시 마포구 양화로7길 6-16 서교제일빌딩 3층
전화 | 02-325-6364
팩스 | 02-474-1413

www.inmul.co.kr | insa@inmul.co.kr

ISBN 978-89-5906-641-4 03300

값 14,000원